教えて吹田《すいた》先生！

18歳からはじめる新NISA《ニーサ》

マネー教育・
ファイナンシャルプランナー
吹田朝子 著

C&R研究所

はじめに

この本を手に取ってくださり、ありがとうございます。世の中で新NISA（ニーサ）という言葉があちこちで聞かれるようになりました。あなたも何か動いたほうがいいかなとモヤモヤしているのでしょうか?

周囲が新NISAや投資の話をしているので、こっそり勉強したいと思っている人は多くいらっしゃると思います。中には、あれこれネット検索したりしながら、新NISAを簡単に取り入れられる方法を探している人も多いかと思います。

新NISAの解説本、しかも18歳から初めてはじめられる人向けに書いてほしいと出版社から声をかけていただいたとき、私の脳裏に浮かんだのは自分の子どもたちやその友達など周囲の若い世代の顔でした。

私自身、子どもの出産をきっかけに金融機関を辞めて、ファイナンシャル・プランナーとして独立して、早30年。その間、バブル崩壊やリーマンショック、震災などがありましたが、娘・息子たちの世代は、高金利時代を知りません。複利で増えていく実体験がありません。物心ついたときからデフレがずっと続き、定期預金と普通預金の差もないくらい低い金利で、お金を長期的に増やしていく楽しみを知らずに過ごしていることに、親世代としてとても責任を感じていました。

なんとか今の20代前後の若い人たちに、お金の価値が変わること、お金と上手に付き合っていけば、その価値の変化を味方に付けられることを伝えたいと思い、執筆作業に入りました。

一般的な新ＮＩＳＡの解説はインターネット上でも本当にたくさんあります。わかりやすい図表もいろいろ出ていると思います。ただ、これから人生を生きていくのに、制度のことを知ってお得な活用法を知るだけでよいのだろうかと、とても悩みました。というのも、国の制度は今後の財政や政策に応じて、途中で改定されていきますし、何より、お金は手段に過ぎないからです。

お金は、あなたご自身が人生を送るための道具にすぎません。道具を増やすこと、お金を増やすこと、節税などお得に感じることを目的にしてしまうと、基準が変わったときに慌ててしまうなど、お金に振り回される人生になりかねません。むしろ、あなたご自身がお金という道具を上手に使いこなすという視点で、人生を謳歌できるには何が必要か？を大事にしたいと思っています。

ですから、今回も、新NISAについても単なる節税効果に注力するのではなく、18歳以上の日本に住む人全員に公平に与えられた「投資の習慣化を実現できる仕組み」として、さらには「さまざまな情報から自分を守る知恵」としてお伝えしたいと思っています。

実際、若い人達が、異性とお付き合いして結婚などを真剣に考えていく際に、新NISAを通じて、資産形成をしっかり習慣化しようとスイッチが入った瞬間、目の輝きが変わって、社会の視点をもって自信ある言動に変わっていったのを今までもあちこちで見てきました。

投資をきっかけに、自分の周囲のお金の流れから、社会全体のお金の流れにも興味をもって、広い視野にしていくだけでも、人生の可能性が広がっていきます。世界中で交換され、価値あるところに集まって、より価値を生む原動力になる「お金」という存在を、単純に自分のお金として捉えるのではなく、世界経済を巡っていくパワーと捉えて、その波に乗っていただきたいと心底願っています。

今回改良された新ＮＩＳＡは、リスクを抑えて長期分散投資をしていくことを仕組み化し、珍しいくらい大盤振る舞いの制度です。これらを俯瞰しながら上手に活用し、あなたご自身の人生の可能性を最大限に広げていただき、自信を持って１００年人生を迎えていただきたいと思っています。そのために少しでもお役に立てれば幸いです。

２０２４年５月

吹田朝子

CONTENTS

目次

CONTENTS

第2章 新NISAってそもそも何？

第3章 実際に新NISAをはじめてみよう！

第4章 何に投資したいのか整理してみよう!

第5章 どんなタイミングで投資するの？

第6章 長続きする投資のマイルールを作ろう！

第1章

なぜ、18歳から投資を学ぶといいの?

LESSON 01 NISA

新NISAをはじめるなら今がチャンス！

突然ですが、皆さんは「もっとお金があったらいいなぁ」って思ったことはありますか？（多くの人が、ウンとうなずくのではないでしょうか？）

お店でものを買いたいとき、旅行のプランを考えるとき、引っ越しをして住まいや家具などを考えるとき、ダイエットや美容のプランを考えるときなど、多くの人が手元の使えるお金を気にしながら、いろいろな意思決定をしているのではないでしょうか？　私自身も大学時代に一人暮らしをしようと思って、お金の計算をしたときに「これでは3カ月と持たないぞ…」と愕然としたことがあります。

社会に出ると本当にいろいろな決断を自分ですることが増えます。仕事、バイト、住む場所、同棲や結婚、大きな金額の支出や借金など、日々何らかのお金を動かして、毎日を過ごしていきます。そんな中、5年、10年、20年と経って、多くの大人が口を揃えて言う言葉は何でしょうか?

それは、「もっと早くからお金のことを勉強しておけばよかった」「もっと若いうちから投資をしておけばよかった」という言葉です。

なぜ、そんなふうに言うのかというと、その理由には次の3点があげられます。

①お金に関するさまざまな情報から自分を守れるようになる

大人になればなるほど、自分一人で意思決定することが増えますよね。そして、いろいろな情報が入ってきて、お金に関する誘惑も増えてきます。良いと思って選んだことが、逆に損をしてしまう結果になったり、詐欺などの被害にあってしまうことも少なくありません。

特に投資については、何を選ぶかによって大きな違いが生じてきます。誰かに勧められて選んでしまって、後でその人間関係も壊れてしまったという話はよくあります。そんなことにならないように、お金のこと、金融商品の仕組みや情報の見方など、少しでも早くから学んでおきたいという切実な声は本当によく耳にします。

②お金の変動に早くから慣れれば、冷静に判断できる

日本円を世界からみると、日々その価値が変動しています。お金のことを数字の通り固定的に考えてしまう癖がついてしまうと、歳を経てからの意思決定を狂わすこともよくあります。退職金でいきなり投資をして失敗する例はその典型です。なので、変動のあるお金の管理や投資についてはできるだけ若いうちに慣れておくことが肝です。とはいえ、日本では、中学、高校で金融教育がはじまってまだ間もないですし、学生時代にお金の勉強を実践的にする場がまだまだ充分とはいえません。

投資の話をすると「腹黒い」「ずる賢い」「儲け主義」などの印象があるのか、周囲からけげんそうな顔をされた経験がある人もいるのではないでしょうか？　本来、お金は古代からの人間の知恵で生まれ、必要なものとの交換手段、信用や価値を客観的に測るための道具・ツールとして存在しています。投資の歴史も５００年以上ありますし、お金のことを堂々と学んで自分の糧にしていく機会はとても重要です。

③若いうちに着手すれば時間を味方につけて、大きな成果が得やすくなる

時間は取り戻せません。振り返って「あの時、投資していれば…」と悔やむ大人も本当に多くいます。逆に、18歳など若いうちから小さな投資アクションを積み重ねていくと、失敗は小さく、挽回のチャンスも多く、大きな成果につながりやすいといえます。

「チリツモ(ちりも積もれば山となる)」という言葉や「若いときの苦労は買ってでもせよ」ということわざもありますが、若いうちに着手して続けることで、時間を味方につけて、気が付いたら大きな成果を得られていることはよくあります。毎日のコツコツ投資の積み重ねで10年後に1000万円以上差がついたということも日常茶飯事です。

ちょうど2024年から少額投資非課税制度NISA(ニーサ)が新しくなって、より使いやすくなりました。この制度改定をチャンス!と捉えて、最大限活かしていきたいですよね。

これから社会で、大きく羽ばたいていくあなたが、お金のことで人生を狭めることなく、安心して前進できるように、投資のことを一緒に紐解いていきましょう。

LESSON 02

お金の話はタブー!? 金融教育の遅れている日本

前節で、日本では金融教育がはじまったばかりで、お金の話や投資の話をしにくい文化や傾向があると触れましたが、海外はどのような状況なのでしょうか?

「金融リテラシー調査2022」(金融広報中央委員会)の国際比較によると、次のように米国やOECD諸国との違いが明確に指摘されています。

米国調査との比較

米国調査は2019年公表のデータですが、「金融教育を受けたことがある」と認識している人の割合は、日本の7%に対して米国は20%と日本が圧倒的に低いのがわかります。また、「金融知識に自信がある人」(「とても高い」と「どちらかといえば高い」との合計)の割合では、なんと米国の71%に対して、日本は12%程度しかありません。

しかも、年代別には、18歳～34歳、35歳～54歳の層、短大や大学を卒業した層で米国との差が大きくなっているようです。

米国はパーソナルファイナンス（自分のお金を生活設計に合わせて自分で管理運用していくこと）が基本的な考え方として浸透していて、州ごとに詳細は異なりますが、10歳前後から「投資は何のためにするのか？」「単利と複利の違いは？」など学ぶところもあるそうです。

米国調査との比較

		日本（2022年）	米国（2018年）
正誤問題6問の正答率（平均）％		47	50
問題	①複利（5年後）	43	72
	②インフレ	55	55
	③住宅ローン	68	73
	④分散効果	50	43
	⑤債券価格	24	26
	⑥72の法則	41	30
年代	18～34歳	34	40
	35～54歳	43	50
	55～79歳	56	58
年収	年収250万円未満	41	37
	年収250～750万円	50	50
	年収750万円以上	59	60
学歴	中学・高校卒	40	38
	短大・専門学校等卒	40	50
	大学・大学院卒	56	63
金融教育を学校等で受けた人の割合		7	20
金融知識に自信がある人の割合		12	71

欧米に比べて、日本は金融に対する自信が低いです

（出典）FINRA Investor Education FOUNDATION" The State of U.S. Financial Capability: The 2018 National Financial Capability Study" :調査の実施時期は2018年、公表は2019年。

出所：金融リテラシー調査2022年調査結果（金融広報中央委員会）P12（5）国際比較 https://www.shiruporuto.jp/public/document/container/literacy_chosa/2022/pdf/22lite_point.pdf

OECD諸国との比較

一方、OECD（経済協力開発機構：ヨーロッパ諸国を中心に日・米を含め38カ国の先進国が加盟する国際機関）の調査（2020年公表）より、参加国のうち上位10カ国と日本を比較した結果は次の表です。日本は、知識面では「インフレ」や「分散投資」について平均より低く、行動面では「お金への注意」が見劣りする状態です。そして、知識・行動の合計では この調査24カ国のうち8番目の水準です。

いかがでしょうか？「お金の話をするのはカッコ悪い、タブー」なんて言っていたら、私たちはどんどん世界から取り残されていってしまいますよね？

お金のことを知ることは、世界中のお金が動く仕組みを直に知ることにもなりますし、その結果、私たち一人ひとりの豊かさにも反映されてきます。ぜひ、自分の人生を明るくしていくためにも、堂々と知識を身に付けて、行動していきましょう。

お金の知識を積極的に身に付けて、自分の糧にしていきましょう!

OECD諸国との比較

	日本	調査参加国平均	香港（中国）	オーストリア	スロベニア	ロシア	エストニア	タイ	ポーランド	ドイツ	ジョージア	マレーシア
合計(%)	62.5	62.7	79.1	73	69.8	68.4	67.4	66.2	65.3	62.4	62.3	61.8
知識	59.1	59.5	86.9	73.9	64.7	64.8	65.7	52	69.8	67.8	57.6	54.8
①金利	68	57.1	95.9	78.6	60.5	74.2	66.4	71.4	71.2	62.6	43.5	42.9
②複利 ※2	38.8	26.3	71.1	49	39.3	35	36.7	29.1	36.5	40	23.6	24.8
③リスクとリターン	75.2	77.1	93.3	91.7	71.7	77.1	77.5	59.2	86.7	80.2	79.3	77.6
④インフレ	63.3	78	94.3	88.9	80.5	68.4	86.1	53.2	83	85.2	87.4	76.5
⑤分散投資	50.2	58.9	79.7	61.3	71.3	69.4	61.7	47.3	71.4	70.8	54.2	52.1
行動	66.7	66.6	69.5	71.8	76.2	72.8	69.5	84	59.6	55.6	68.1	70.6
①支払期限の遵守	85	79.4	83.9	84.5	90.4	81	95.1	82.3	77.9	50.4	90	67.4
②お金への注意	58.6	67.2	74.9	83.2	84.1	75.9	73.2	86.3	59.4	53.9	71.4	71.5
③余裕の確認	72.6	71.1	63.2	66.4	72.9	80.4	69.9	94.8	57.7	66	70.6	77.5
④長期計画の策定	50.4	48.8	55.8	53.1	57.5	54	39.7	72.4	43.5	52.1	40.4	66

※2 「金利」および「複利」の両方の設問に正答した人の割合。
(出典)OECD/INFE "2020 International Survey of Adult Financial Literacy" : 調査の実施時期は国によって区々、公表は 2020年。

出所 :金融広報中央委員会「金融リテラシー調査2022年のポイント」P13(5)国際比較
https://www.shiruporuto.jp/public/document/container/literacy_chosa/2022/pdf/22lite_point.pdf)

LESSON 03
NISA

そもそもお金って何？

前述のように、お金に関する教育や文化は日本と諸外国では異なりますが、そもそもお金は通貨や単価が違えど世界中で使われている道具です。小さいころに親からもらったお小遣いで買い物をするときも、実は、そのお金が世界中、さまざまな会社を経て、グルグル循環しているといえます。たとえば、こちらの図を見てみましょう。

下の図のように、小さな子ども

世の中のお金の動き

気象予報会社
お父さん
はい、お小遣い
お金
アイスください
アイス
お金
アイス4箱ください
コンビニ店員
アイス
お金
アイスの原料の牛乳ください
アイスクリーム会社
牛乳
お金
牛の飼料ください
酪農家
お金
飼料
天候の予想データをください
飼料会社
気象データ
お金
壱万円
私たちが使ったお金は、社会の中でグルグル循環しています

がアイスを買ったときに支払ったお金は、お店、メーカー、農家、飼料の輸入会社や商社、流通関係などさまざまな会社を経由していることがわかると思います。スムーズに商品やサービスが私たちに届くためのルートと同時に、事故やトラブルにも対処できるように情報システムや管理会社、保険会社も絡んでくるでしょうし、必要なお金を調達するための借り入れなどで金融機関も関わっているはずです。

このようにお金は、世界中を回っている私たち人類共通の道具ですが、「①交換に便利な手段」「②信用や価値を客観的に測るための手段」であるだけでなく、もう1つ、「③保存できる手段」であることも重要なポイントです。

特に3点目の何年経っても腐らずに保存できるという視点は、今後、何十年と続く人生を最大限生かすための肝となるので、しっかり活かせるように身に付けていきましょう。それには、ただお金を預貯金で寝かせているだけではもったいないことを次ページ以降でお伝えしていきます。

LESSON 04

知らないと損? 物価上昇・インフレの影響

たとえば、あなたが今、1万円を持っていたとします。そのお金の価値は、明日、来月、来年になっても変わらないと思いますか?

実は、日本国内にいるとあまり感じないかもしれませんが、私たちが手にしているお金の価値は日々変わっています。日本の経済が比較的、安定しているといわれるのは、モノやサービスを得るときに私たちが払うお金の額がコロコロ変わらずにこれたことが大きいと思います。でも、実は、世界中で出回っているお金(通貨)との関係性を見ると、日本のお金(通貨)もその価値がコロコロ変わっているのです。海外へ行ったときに、日本の1万円と交換できる外国の通貨は日々、時間によって刻々と変わっていますよね。

そうしたお金の仕組みを知らないでいると、ずっと自分はお金があると思っていても、その価値が目減りしてしまって、「あれ? 足りないの?」と慌ててしまうこと

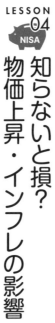

があるかもしれません。

ここで「目減りしてしまう」という状態は、継続的に「モノの値段が上がっていくこと＝物価上昇」の中で起こりえます。モノの値段、物価が短期的に上がったり下がったりするのではなく、継続的に上昇していくことを「インフレーション（インフレ）」といいます。その逆で、継続的に物価が下がっていくことを「デフレーション（デフレ）」といい、日本は長らく、デフレが続いていたといわれています。

日本のデフレは、消費者物価指数（全国の世帯が購入する財やサービスの価格の平均的な変動を測定するもの）で測ると1999年以降長く続いてきたようです。

消費者物価指数

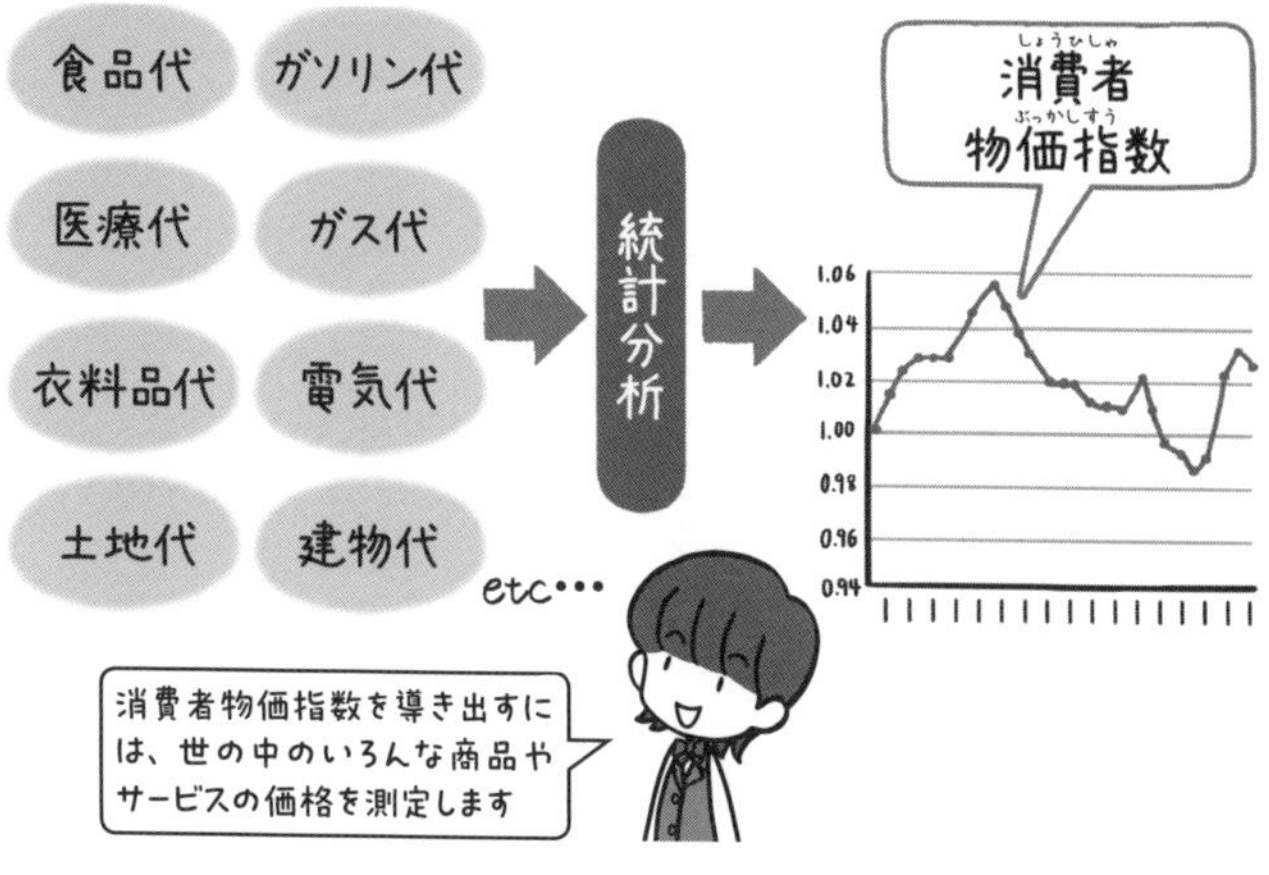

それが、最近やっと、物価上昇がはじまり、インフレに向かいつつあるといわれることが増えてきています。

「物価が上がること＝企業の商品が値上げされること」によって、企業が利益を出せるようになり、並行して賃金もアップされると、人々が買い物を多くできるようになって、企業の業績がさらに増えるという良い循環になりますよね。まさに、日本もそれを目指しているのが今の段階といえます。


物価が上がり、インフレになると、今まで1万円で買えたものが1万円以上、たとえば1万1000円出さないと買えなくなるということになりますが、それは、私たちが手元に持っているお金の価値が徐々に下がっていることを意味するのです。

これを知っているのといないのとでは、これから人生を送るあなたのお金の使い方にも大きな影響があると思いませんか？

LESSON 05 NISA

預貯金だけでは増えない時代

皆さんは普段、お金は財布に入っている他に、どこで保管していますか？　引き出しの中？　銀行口座？　多くの人はバイト代や給料など、どこかの銀行口座に振込まれ、その口座でお金を保管しているのではないでしょうか？

銀行の預金は「預かっているお金」と書きますよね。つまり、銀行が皆さんのお金を預かって、それをもとに融資や投資をするなどお金を動かしています。通常、振込まれたお金は普通預金口座に入ってきますが、普通預金はいつでも引き出せる口座なので、銀行もそのお金を融資や運用などに回せず、金利（利息として付く割合）も大手の銀行では預けた額の0・001％などほんのわずかです（2024年4月現在）。これでは、100万円預けても1年後につく利息はたったの10円程度（税金考慮せず）ですよね。

一方、預入期間が決まっていて、一定期間引き出さないことを前提に預ける定期預金もあります。10年間預けていたらどのくらい増えているのでしょうか？

たとえば、預入期間が10年の10年定期預金の場合、大手の銀行でよくある金利０・２％で計算すると、１００万円預けた場合に、次のような計算になります。１年ごとに利息が２０００円程度ずつ付いて、利息に利息がつく複利運用をしたとすると、10年後は２万円ちょっと増えることになります。しかも、源泉徴収税が引かれるので、実際に増えた額は１万６０００円程度です。

10年定期預金（金利0.2%）で10年後に受け取れるのは

年数	運用元本（A）	利息（B）	合計（A+B）
1年後	100万円	2,000円	100万2,000円
2年後	100万2,000円	2,004円	100万4,004円
3年後	100万4,004円	2,008円	100万6,012円
4年後	100万6,012円	2,012円	100万8,024円
5年後	100万8,024円	2,016円	101万0,040円
6年後	101万0,040円	2,020円	101万2,060円
7年後	101万2,060円	2,024円	101万4,084円
8年後	101万4,084円	2,028円	101万6,112円
9年後	101万6,112円	2,032円	101万8,144円
10年後	101万8,144円	2,036円	102万0,180円

10年後に引出すと利息に対して、20.315%（国税15.315%、地方税5%）の税金が引かれて、受け取れるのは、101万6080円。

※1年複利で、1年ごとに利息に利息がつく前提で計算。

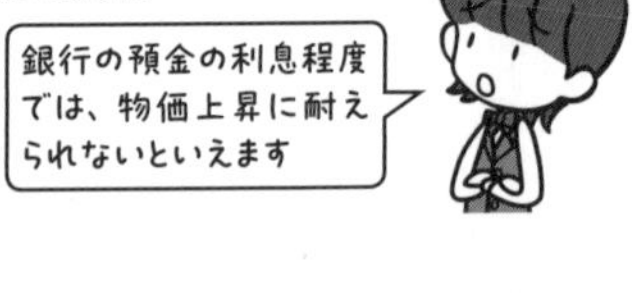
銀行の預金の利息程度では、物価上昇に耐えられないといえます

普通預金より金利は少し高めとはいえ、10年間も預けておいて、やっと1万数千円が増える程度では、その間に欲しいものの値段のほうが上がってしまっているのではないでしょうか? 最近は、物価が前月から2%程度上がることもあるので、預金に置いておくだけでは、価値が目減りしてしまいます。

昔、1980年代後半から1990年初期にかけて、日本経済はバブル期といわれて、土地や株式などの価格が異常に上がり続け、1990年~1991年頃は預金金利が5%、6%台を出していた時代がありました。その頃は、100万円を1年間預けていただけで、利息が税引き後で4万円程度つくなど、預金口座に置いているだけでお金を増やすことが簡単でした。しかし、バブル崩壊後は、どんどん預金金利も下がって、1%にも満たない水準が何十年も続いています。

しかも、これからは、物価上昇やインフレも気にしながら過ごす時代です。自分のお金を何も考えずに銀行預金だけに寝かせておくのは、ちょっともったいないと思いませんか?

LESSON 06 NISA

銀行だって投資をしている

前ページで銀行預金の話をしましたが、私たちは、金融機関というと普通、銀行を思い浮かべますよね？　金融機関とは、「資金を必要とする側と資金を貸す余裕のある側の間に立って、資金の融通を仲介する機関」を指し、その代表的な機関が銀行です。銀行にも実は種類があり、図のように○○銀行という銀行の他、信託銀行、信用金庫などがあります。

私たちが銀行に関して持つイ

銀行の種類
大きさやエリアによって、いろんな種類があります
・都市銀行　:大都市に本店があり全国に支店がある
・地方銀行　:地方都市に本店があり、そのエリアを中心に営業している
・ネット銀行　:店舗を持たずインターネット専業で取引する新しいタイプの銀行
・ゆうちょ銀行 :2007年10月に誕生した日本郵政グループの銀行
普通銀行
・有価証券、金、宝石、土地や建物などの管理、遺言管理や遺産整理などを行う
・通常の銀行業務も併せて行うことができる
信託銀行
地域に密着しているのが特徴で、会員や組合員の出資による共同組織です
・信用金庫
・信用組合
・労働金庫
・JA(農業協同組合)、JF(漁業協同組合)　など
協同組合形態の金融機関

メージはどんなものでしょうか? 銀行は審査をしてお金を貸してくれたり、預けたお金を管理して守ってくれたりしていることから、「信用」「安心」というイメージを持つことが多いのではないでしょうか? 確かに銀行が簡単につぶれてしまっては、日本社会全体が困ってしまいますよね。なので、銀行をはじめ、金融機関の経営が安全で長期的に信用を保っていけるかどうか、日本の政府も金融庁が監督、チェックしています。

私たちから普段、見える銀行の姿は、次の図のように、お金の貸し出しや、預けているお金の管理、そして、振込などのお金の送金などですが、銀行は経営上、どのように利益を出しているのでしょうか?

銀行が儲けている源泉としては、貸した先から受け取る利息が、私たち預金者に払う利息より高めに設定していることから生じる利息の差益の他、振込手数料やATM利用料、国債などの金融商品の取扱手数料などが主にあげられますが、それだけではありません。実は銀行も、市場調査をしながらしっかりと投資をしています。決算で発表される損益計算書をみると、債券や株式などの有価証券の利息配当金や売却損益など、多くの項目が見られ、金融機関として銀行そのものが投資をしながら、日常の業務を営んでいることがわかります。

安全・信用を大事にしている銀行も、本来の業務とともに、投資・資産運用も取り入れながら、銀行員の給料などの人件費や設備などの物件費を払っているのは、他の多くの株式会社の経営と変わりませんよね。

ついつい、私たちは銀行が特別だと思いがちですが、その銀行も積極的に投資をしながら、長期的な経営を続けています。私たちが銀行に預けているお金も、めぐりめぐって投資に回されているわけですから、私たちもお金の元本にこだわったり、投資を怖いと思って避けたりすることなく、付き合っていくほうが、世の中の流れに乗れると思いませんか？

銀行の役割

家を建てるから
お金を貸して
① 貸出《かしだし》
お金を貸し出す
今月のガス料金を
振り込みたい
OK!
銀行
ボーナス
ボーナスもらったから
貯金したい
② 預金《よきん》
預け入れる
銀行
ガス会社
③ 為替《かわせ》
お金を送る
銀行は、利息や手数料の
収益だけでなく、しっかりと
投資をして経営しています

LESSON 07
NISA

投資ってギャンブルとは違うの?

ここで、改めて投資って何なのか、整理してみましょう。「怖い」「ギャンブルみたい」「一か八か」「当たれば儲かる」というイメージを持っている人もとても多いようですが、あなたはいかがですか?

「投資する」を英語で言うと「invest」といわれますが、ラテン語の「investire」(着る、覆う)から派生した言葉です。「vest」(ベスト=衣服)を「in」(身に付ける)というのが語源で、服を着る・裕福になるというニュアンスが含まれているそうです。また、投資だけでなく、包むとか包含するという意味でも使われるようで、「invest=投資」は、普段から行っていることで、本来、怖いなどのイメージはまったくないはずです。

では、私たちが投資について、投機・ギャンブルや預貯金との違いを整理すると、どのようになるのでしょうか。次の表にまとめてみました。

投資は、「将来、価値を生むものへお金を投じること」で、経済社会の中でお金を動かして、長い目で増やしていくイメージですが、投機は「機会・チャンスに乗じ、運に任せること」、また、預貯金は「預け、貯める手段」ですね。

投機は、そのチャンスに参加しているメンバー間で競争してお金を取り合うので、負けた誰かのお金が勝った人へ渡る仕組みです。なので、投機・ギャンブ

投資・投機・預貯金の違い

	投資	投機	預貯金
行動を英語で言うと	invest	gamble	save
意味	将来、価値を生むものにお金を投じる	機会・チャンスに乗じる	お金を預ける・貯める
イメージ	経済の中でお金を動かして長い目で増やす	チャンスに参加しているメンバー間で出し合ったお金を取り合う	お金を貯める・預けておいていく
期間	長期継続	一発短期	中期継続
商品例	株式・債券・投資信託・外貨・金など	パチンコ・宝くじ・競馬など	預貯金
値動き	需要と供給により、日々値動きがある	当たり外れで、大きく変わる	金利(利息)は低いが、元本が守られている

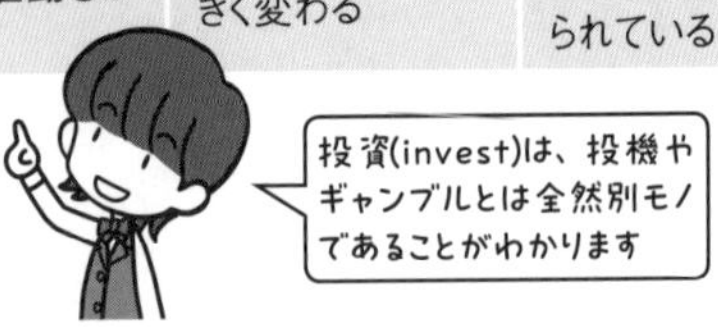

投資(invest)は、投機やギャンブルとは全然別モノであることがわかります

ルは集まったお金の合計額(SUM:サム)は変わらない「ゼロサムゲーム」といわれます。実際、短期間でお金を集めて、当選した人や勝者に分けていくので、一発短期のゲーム感覚ですよね。

一方、投資は、長期的に継続して続けることができ、全体の価値合計が高まれば、投資した人全員が利益を得る「プラスサムゲーム」といわれます。

こうしてみると、投資と投機は、全然別モノであることがわかりますね。投資は、その対象を欲しいと思っている人と売りたいと思っている人の間の需要と供給で価格が決まりますから、日々値動きがあっても、仕組みは公平な取引ともいえます。ただ、将来の価値がいくらになるのかは、そのときになってみないと誰にもわかりません。タイミングによってはお金が減ることもあります。なので、すぐに使わないお金で、長期的な価値を考えて続けていくということが、投資をむやみに怖れずに付き合っていける秘訣だと思います。

LESSON 08 NISA

投資を知らないままでは人生の可能性が半減する

成人というと、日本では明治時代から約１４０年間、20歳からと民法で定められていましたが、２０２２年４月１日から、20歳から18歳に改正されました。18歳から大人の仲間入りです。

成人になると、親の同意を得なくても、自分の意思でさまざまな契約ができるようになります。たとえば、携帯電話の契約や一人暮らしをするための部屋の賃貸契約を結ぶことができますし、クレジットカードを作って利用したり、ローンを組んだり、投資用の口座開設や売買の意思決定も自分でできるようになります。

さまざまな契約の意思決定に関して自分でできるということは、その契約に対して責任を負うのも自分自身になります。契約内容には複雑なものなどさまざまあり、安易に契約書にサイン押印をしてしまうと、トラブルに巻き込まれる可能性もあります。

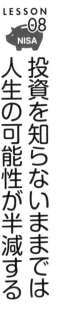

また、まだ社会経験に乏しく、親などの保護から外れたばかりの成年を狙い打ちにする悪質な業者もいます。もし、トラブルに巻き込まれて、借金を背負ってしまったり、マイナスの感情を引きずってしまったら、悲しくなってしまいますよね。つまり、契約のことや値動きのある投資について、基本をしっかり学んで活かせるかどうかで、人生の可能性が大きく変わります。

たとえば、18歳から預貯金のみでお金を管理していった場合と、18歳から月2万円程度ずつ積立で投資をはじめた場合とで比べてみましょう。同じ稼ぎ、かつ同じ家計支出内容だったとしても、投資

18歳からのマネー推移(預貯金だけの場合)

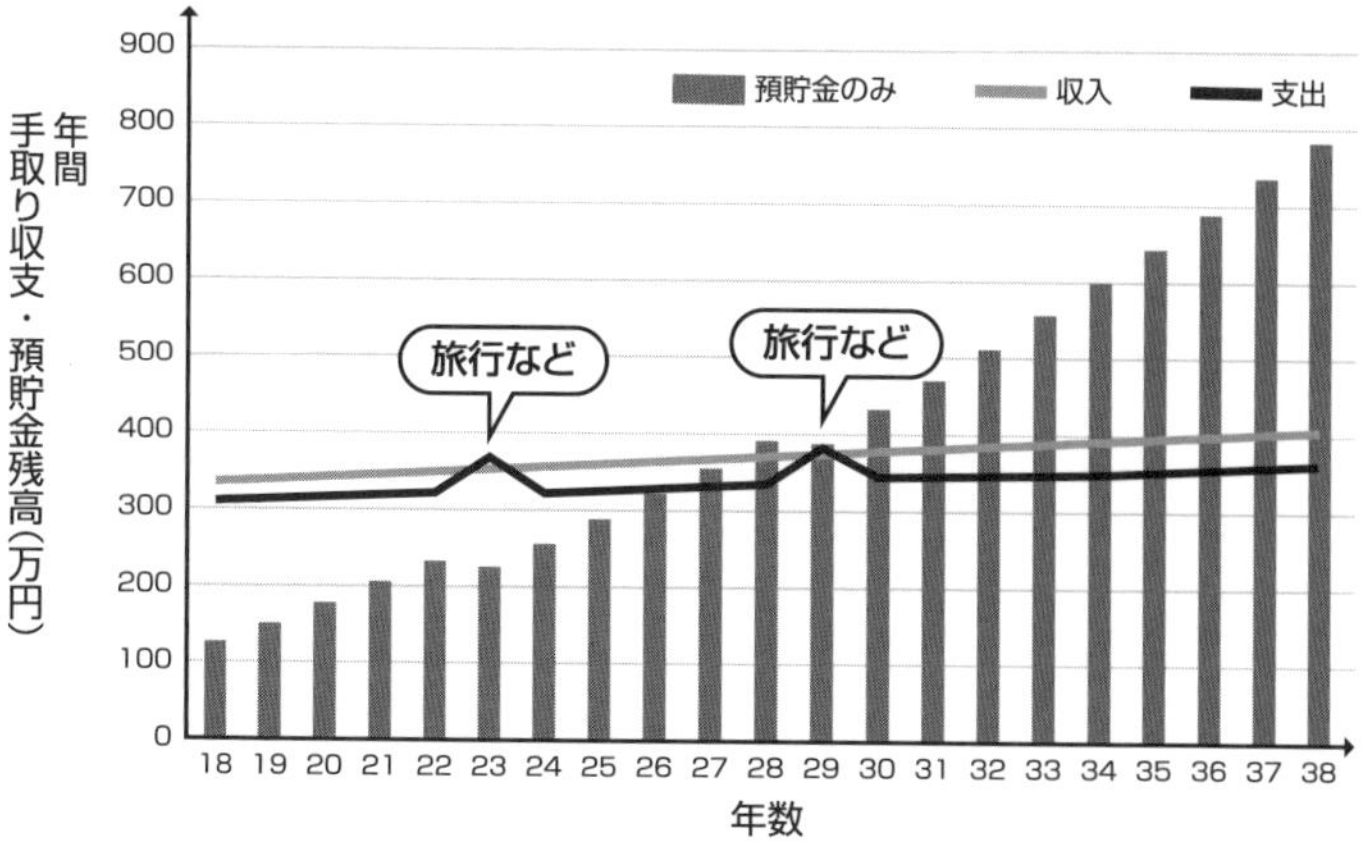

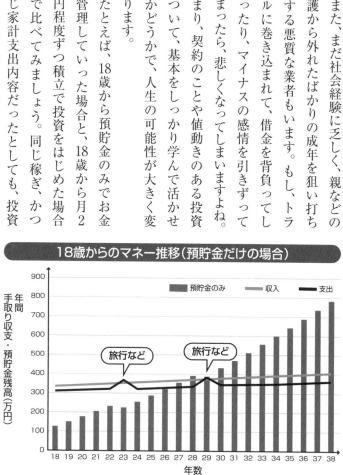

を早くから取り入れるだけで、グラフのように20年後の資産合計が数百万円も変わって、1000万円の大台にのせることが可能になります。

投資・資産運用を組み込むだけで、将来の可能性が数百万円分も広がるとしたら、知らないでいるのはもったいないですよね。

18歳からのマネー推移(毎月2万円ずつ投資をはじめた場合)

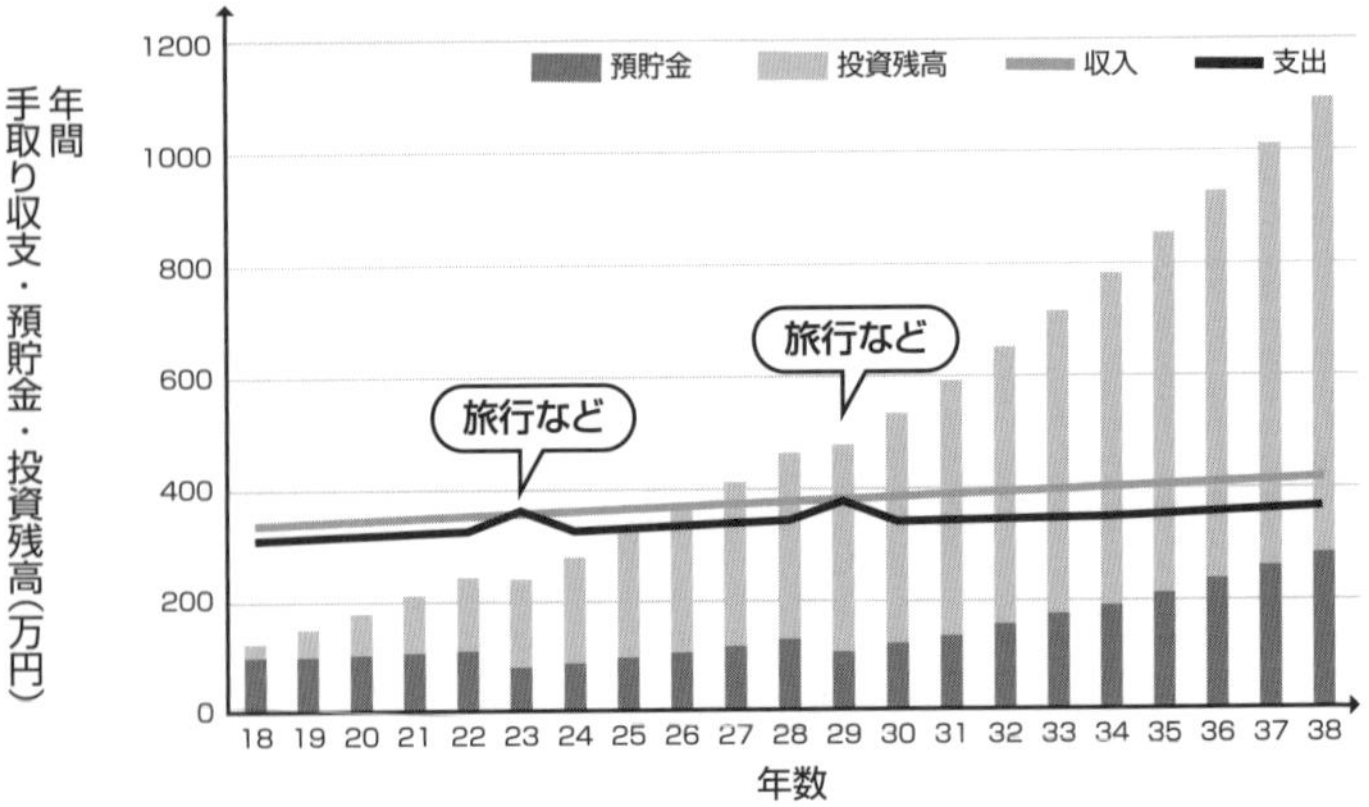

LESSON 09 NISA

就職先やバイト先の会社だって、投資に支えられている

あなたは、バイト探しや就職先探しをする際、お給料を出してくれる企業の情報を見ますよね？　具体的にはどこをチェックしますか？　会社名、規模、仕事のエリアや通う場所、お給料・時給、募集人数、福利厚生制度などでしょうか？　たとえば、会社名に「〇〇株式会社」とあったら、その規模ってどこをチェックしますか？

まず、規模を簡単に見るなら、従業員数、そして決算書からは、売上高や総資産の金額をみるといいでしょう。

そしてもう1つ、関わろうとする会社名が、株式会社ということは、株主がいるということになりますよね。その会社が証券取引所に上場していたら、広く株主を集められるように株価がインターネット検索ですぐに出てくるはずです。その会社の現時点の規模を知るには、今の株価と発行されている株式数を掛け合わせた時価総額を見ることができます。この時価総額が多いということは、それだけ多くの資金を株主から調達しているということになり、株主の出資分は、資本金のところに反映

されます。

　こうしてみると、普段、買い物をしているお店の会社、給料などをもらう会社、広告をみかける会社も、多くの会社が株式会社で、日本国内や海外からの株主による投資で支えられていることに気付かされるのではないでしょうか？　意外と投資って、身近にあるものなんですよね。

　そして、株式会社は、株主によって投資されたお金などをもとに、設備投資や商品開発などを行って、売上を伸ばし、従業員にお金を払ったりしていますから、投資をするということは、経営活動をしている会社を応援し、日本全体の経済力を高めることにもつながるんですよね。投資活動は社会に役立つ、大切な行動だと思います。

決算書のチェックの仕方

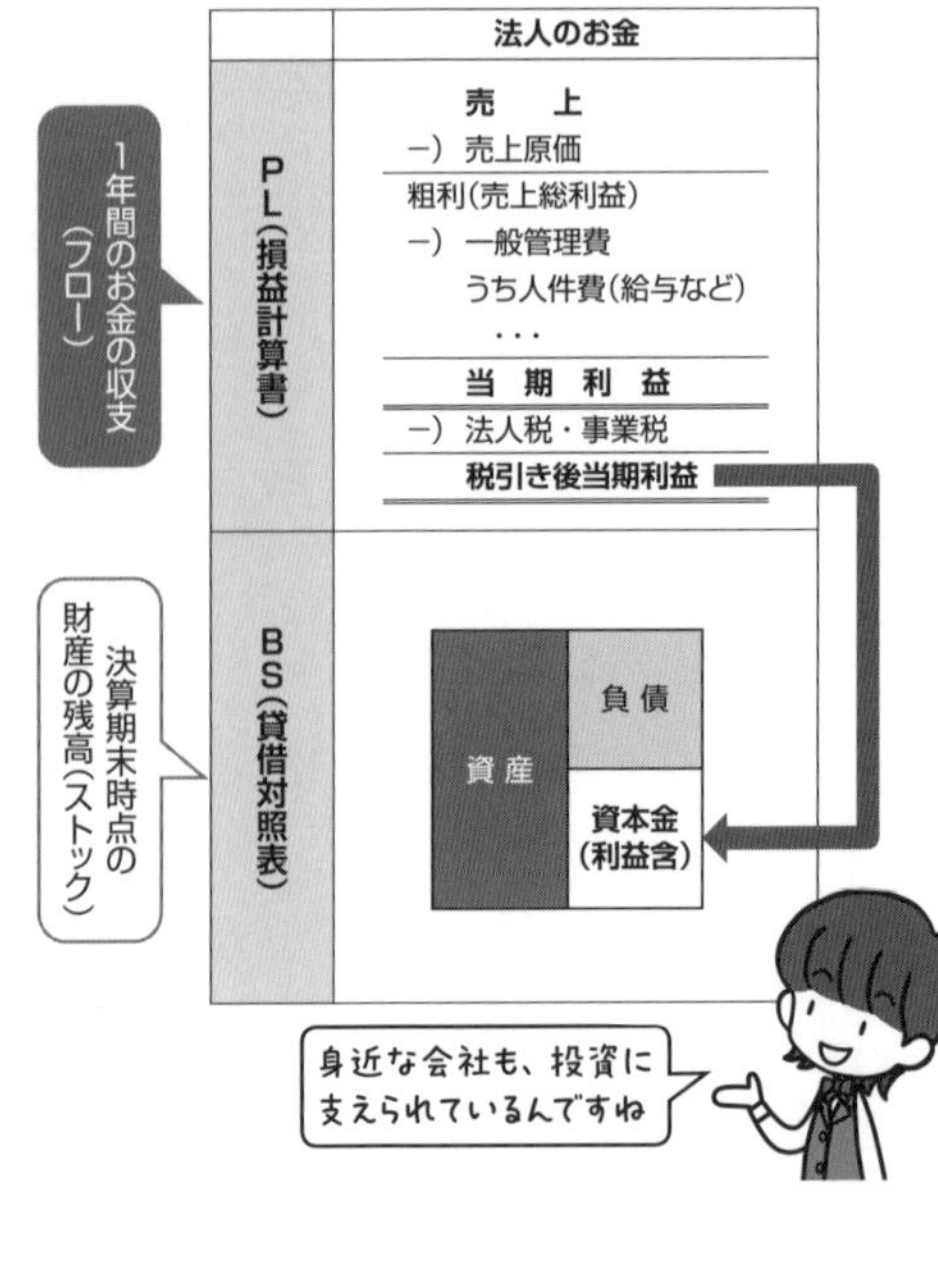

LESSON 10 NISA

投資にはどんなものがあるの？

さて、株式投資などの話をしてきましたが、実は、投資にはいろいろな種類があります。ここでは、金融庁の管理監督の下、金融機関が扱っているものについて全体像を見てみましょう。それぞれ次のような特徴があります。

①株式

株式会社が資本金を集めるために発行するものです。最低投資額があり、株主は、配当を受け取ったり、売買のタイミングによって損益が発生したりします。

②債券

会社がお金を借りる代わりに発行するものです。最低投資額があり、無事に満期を迎えれば、元本の返還と約束された金利が払われますが、満期を待たずに売買する際は、その価値によって価格が変動します。

③外貨預金

銀行が外国の通貨に変換して預かるお金です。海外の高金利の恩恵を得られることがありますが、円安円高など、日本円と外国の通貨の交換割合（為替レート）によって、円に戻した際の受取額は変動します。

④投資信託

株式や債券（国内・海外含む）などをまとめてファンドにして運用するものです。一口１０００円程度など少額から投資ができ、保有している際に配当を受け取ったり、売買によって損益が発生したりします。

⑤上場不動産投信（ＲＥＩＴ）

投資家からお金を集めていくつかの不動産に投資し、その運用成果を分配する投資信託で、株式のように証券取引所に上場して売買しやすくしたものです。

⑥ＦＸ

「Foreign Exchange」の略で、「外国為替証拠金取引」を指します。証拠金として預けた資金の何倍もの取引ができ、日本円と外国の通貨の交換をしながら差益を狙うものです。

⑦金投資

金に投資することです。まとまったお金の金貨や金地金《きんじがね》の他、金積立などがあります。金は利息を生まないですが、災害や戦争などで株価などが下がったときに価値が上がるといわれています。

⑧保険

もともと、万一の際に保険金が受け取れるというものですが、その受取保険金が投資信託などの運用成果を反映するタイプもあります。

いかがでしょうか？　投資商品の中で金融庁の監督下にある主なものとして、ざっとこのくらいはあります。この他にも事業への投資や、暗号資産の情報が入ってくることもあるかもしれません。しかし、それらは完全に当事者同士の情報の信頼度によるもので、監督官庁による情報開示などしっかりしたルールもないので、注意が必要です。

また、表にあるように、それぞれ投資によってお金が増えたら、その額に応じて税金がかかるのが通常です。しかし、①株式、④投資信託、⑤上場不動産投信（REIT）は、NISA制度の対象になっているので、増やして受け取っても税金がかからないというメリットがあります。このメリットは、長期の投資をする上で、とても威力を発揮するので、第2章以降で具体的に解説しますね。

金融機関が扱っている投資の種類

管理監督	金融庁に管理監督されている							
法整備	金融商品取引法（有価証券・金融先物・外国証券など）・銀行法・保険業法・信託業法							
投資種類	株式	債券	外貨預金	投資信託	上場不動産投信（REIT）	FX	金投資	保険
取扱機関	証券会社	証券会社	銀行	銀行・証券会社	証券会社	FX会社	宝石・貴金属等取扱事業者	保険会社・代理店
税金	分離課税約20%	分離課税約20%	雑所得	分離課税約20%	分離課税約20%	雑所得	雑所得	一時所得（満期・解約）
NISA（非課税）対象	○	−	−	○	○	−	−	−

投資は通常、税金がかかりますが、NISAは税金がかかりません

LESSON 11 NISA

新NISAを上手に活用して人生の選択肢を広げよう！

先日、独り立ちを目指している若者が、彼女との付き合いもはじめた中、将来のお金に不安を感じているという声を聞きました。当初は不安そうでしたが、いろいろ情報を集めて、やっぱり「NISAをやる！」と言ったときの目の輝きが違ったのがとても印象的でした。将来の自分を信じようとする覚悟というのでしょうか、それが付き合っている彼女にも伝わって、お互いに支え合って、とても頼もしく見えました。

現実問題、将来のことについて不安がない人はほとんどいないでしょう。でも不安だからと節約だけに走ったりしては、自分も周囲も楽しめませんよね。仮に、今、手元にまとまったお金がなかったとしても、将来に向けて月5000円でも1万円でも投資にむけるという姿勢を持つことが、その人を凛々しい大人に成長させるなぁと感じています。そして、そうした行動が積み重なると、「自分のお金に自信を持てる人＝お金に強い人」になれて、視野も広く、周囲にも優しく、大きな器の人間になっていくのではないでしょうか?

新NISAは、単なる投資の制度ではありません。NISA、投資に取り組むことをきっかけにして、将来の目標を考えたり、自分が心底やりたいと思っていることに気付いたり、また、大切な人のこと、将来共に過ごす人のことを考えたりする余裕が生まれるのではないでしょうか?


これからの人生は、どこで、誰とどのように過ごすのか、本当にさまざまな選択肢があります。日本のみでなく、海外との接点も増えていくでしょう。グローバル、ダイバーシティ、そして持続可能性などといわれるこれからの時代の鍵は、投資というアクションをとり続けることで一層実感がわいてくると思います。まさに現場の実感です。その体験が、あなたらしく幅広く多様な選択肢の中で意思決定に自信を持ち、堂々と持続的に成長していく術を教えてくれるはずです。

新NISAは投資の第一歩としてちょうどいい制度です。ぜひ、一緒に取り組んでみましょう。失敗なんて、成功のための気付きですから、お金の流れに乗っていくeスポーツのようにトライしていきましょう。

第2章

新NISAってそもそも何?

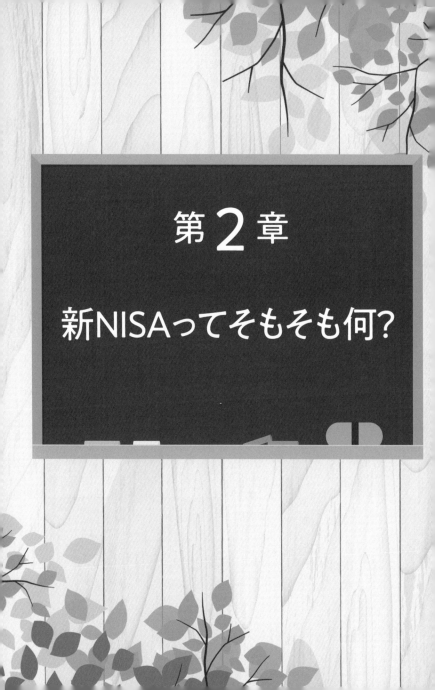

LESSON 12 NISA

新NISAって何?

最近、新NISAという言葉をあちこちで目にすることが増えたのではないでしょうか?

NISAとは「少額投資非課税制度」といわれ、名前にある通り、少額で投資ができて非課税のメリットがある制度です。

そもそも、NISAという言葉は、イギリスのISA(Individual Savings Account)からきています。1999年にイギリスで個人の貯蓄や投資を促進する目的で導入された税制優遇措置のついた個人口座(ISA)をもとに、日本版ISAとして、頭にNipponのNをつけて、愛称NISA(ニーサ・Nippon Individual Savings Account)になったわけです。

NISAとは?

イギリスのISA
(Individual Savings Account)

ll

NipponのNをつけて、愛称 NISA
(Nippon Individual Savings Account)

イギリスで導入された仕組みを日本版に改良したものです

人間の行動は、とかくお得なものになびく傾向がありますよね。つまり、何かを導入・促進したいときに税制優遇措置をとるのは、海外でもよくある手段なのがわかります。イギリスで、税金面で有利な制度が導入されて、投資が国民に浸透していったのを手本として、日本でも投資を浸透させるのに非課税制度が導入されました。

日本では、通常、預貯金の利息のみでなく、株式や投資信託などの金融商品に投資した場合、金融商品から得られる利益（売却益や分配金等）に対して20・３１５％（所得税15％、復興特別所得税０・３１５％、住民税５％）の税金がかかります。

それがどのくらいかというと、元本１００万円を年１％で運用した場合、表のように1年後に１万円分増えても、税金が２０３１円かかり、受取

元本100万円を運用し年間1%ずつ増える場合

◆通常の税金がかかると?

通常	元本	利益	税金	税引後受取合計
1年後	¥1,000,000	¥100,00	**¥-2,031**	¥1,007,969

(注)税金は、20.315%(所得税15%、復興特別所得税0.315%、住民税5%)1円未満切り捨てで計算。

◆NISAの場合、税金が引かれない

NISA	元本	利益	税金	受取合計
1年後	¥1,000,000	¥100,00	**¥0**	**¥1,010,000**

額はその分差し引かれて7969円になってしまいます。

もし、税金で引かれる額がなく、増えた分をそのまま受け取れたり、また、翌年の投資の原資に引き継がれていけたら、もっといいのになぁって思ったりしませんか？

自分がアクションをとったことに対して、途中で引かれるものがなく、全部自身の口座の残高に反映されていくのは、願ってもない有難い制度ではないでしょうか？

まさに、それがNISAです。NISA口座を開設し、NISAの非課税制度を活用できると、前ページの表のように、引かれる税金はゼロです。100万円を年1％で運用すると丸々1万円を受け取ることができるわけです。

しかも、NISA制度は従来の制度から改良されて、継続して運用する際の年数制限など、さまざまな制約がなくなってきています。詳細はこの後、お伝えしますね。

新NISAとは、まず運用中に引かれる税金がなく、全部を元手にして、投資を継続できること、しかもそれを少額でスタートできる制度だと思ってください。

1年間の利益や税金では、ほんの少しの違いにしか見えないかもしれませんが、チリツモの成果は5年、10年、20年と続けるほど、大きな差になってきます。ですから、若いうちからはじめるほど効果が出やすい制度、若者向けの制度といえます。

LESSON 13

NISA

なんで国がそんなに新NISAを優遇するの？

このように税金面で優遇するという新NISAは、今回さらに、利用できる対象者も、継続できる年数も改定によって拡充されてきました。でも、日本はそんな懸命に広げようとしているのでしょうか？　この制度が浸透したら、国の税収が減るわけですよね？　なんでわざわざという疑問が出てきませんか？

それは、投資する人が増えれば、日本企業の株価全体が底上げされて、経済全般に良い影響が現れてくるという全体を見ているからです。私たちは、単なる節税とか、目先のお得度だけを見ていると、大きな流れや大きなゴールを見失いかねません。日本全体がどの方向に向かっているのかを知って、その手段としての制度ということをわかっていないと、まさに「木を見て森を見ず」状態になってしまいます。

制度の効果だけをみて、一喜一憂したり、こっちがお得！などの情報に振り回されていては、トータルでロスに気付かなかったり、1つひとつの手続きなどで疲れてしまいますよね？

日本が目指すのは、国民が持続的に豊かで平和に暮らせることでしょう。投資活動が浸透することで、次のような好循環を起こすことが期待されています。

①株式や債券などの投資が活発になることで、企業が資金調達しやすくなり、業績を伸ばしやすくなります。
②企業の業績が良くなれば、国は、企業からの法人税等の収入が増えるはずです。また、企業の業績が良くなることで、企業の従業員の給料や、その企業と取引する事業者(下請けなど)の報酬が増えますよね。それによって、個人からの所得税・住民税などの税収も増えていきます。
③国民全体の生活が豊かに活発になって満足度が上がると、政治政権に対する支持率も上がって、政治も落ち着いて、新しい施策などにもじっくり取り組めるようになります。

また、もう1点、世界と比較しても、以前より、日本は個人所有の金融資産が、かなり預貯金に偏っていることが問題視されていました。高齢化などにより、現在貯蓄に回っている個人の資産を、より投資に振り向けられやすくなるように、投資環境を整備していくことが切実な課題となっています。以前からの取り組みを受けて、２０２３年を「資産所得倍増元年」、「貯蓄から投資へ」のシフトを大胆かつ抜本的に進めていくと謳われ、ＮＩＳＡの抜本的拡充が実行されたわけです。

お金は社会経済の中で、隅々にまでいきわたる血液とも例えられています。一カ所に貯める（溜める）と流れが悪くなって、支障をきたす部分も出てくるでしょう。血液の流れを良くして、好循環をキープして、多くの人の生活をよくしていくために、この「ＮＩＳＡ」による投資思考の浸透と、投資アクションの促進が大事な鍵になる！ということで国を挙げて取り組んでいるのが今といえるでしょう。

国はNISAをきっかけに投資をはじめる人が増えることで経済の好循環に期待しています

LESSON 14
NISA

新NISAは本当に私たちにメリットがあるの?

このように国や日本社会にとって、投資の推奨が大事なことであるのが、わかりましたでしょうか?

そうはいっても、「自分にどれだけメリットがあるの?」って思うことでしょう。投資して増えた額に対して非課税ということは、「新NISAは、投資できるくらいのお金持ちのための制度ではないの?」っていう質問もよく受けます。

でも、ご安心ください。まず、新NISAは、お金持ちのための制度ではありません。この制度は、日本国内に住む18歳以上の人なら誰でも利用できる制度です。取扱金融機関で、一人につき1つの口座のみ申込み・開設ができるので、ある意味、平等な制度といえますね。そして、大きな金額でなくても、少額の100円程度からできるということからも、やる気、意欲がある人に開かれた制度だと思います。非課税で扱われる投資額に上限があることから、むしろ、お金持ちには魅力半減の制度かもしれません。

私たちにとって新ＮＩＳＡを活用するメリットとしては、節税の効果がよくいわれますが、それだけではなく、大きく次の3点があげられます。

①自分のライフプランに合わせて、自分主役の運用ができる

20代、30代はさまざまなライフイベントがあり、お金の計画も臨機応変に変えていきたい年代でしょう。仮に自動積立で新ＮＩＳＡを活用していたとしても、途中で、積立投資を休むことも、売却をして換金することなど変更も自由です。制度に合わせるのではなく、自分を主役にして、自分に合わせた運用の仕方ができるのも、大きなメリットですね。

②投資のリスクを軽減できる仕組みで、投資を習慣化できる

投資は将来まで価格が約束されたものではないので、価格の変動やタイミングによって、自分の投資残高も変わってきます。その変動の幅、値動きの振れは「リスク」と呼ばれますが、投資は常にリスクと付き合っていくことになります。

そのリスクを少しでも軽減する方法として、長期分散投資に見合う商品の品ぞろえ・自動積立制度が仕組み上、盛り込まれているのが新ＮＩＳＡだと思ってください。リスク軽減の詳細については、また後ほど説明します。

③少額でも長く続けやすく、複利の成果を出しやすい

毎月少しずつでも自分で自由に設定した額で、積立など運用をできる仕組みなので、ほったらかしで問題なく、新ＮＩＳＡは無理なく長く続けられる制度設計になっています。気が付いたら自然と何年も続けていた！というふうに、意識せずとも時間を味方につけることができ、その成果として複利運用の効果も出やすいといえます。

このようにみると、決してお金持ちのための制度ではなく、若いうちからコツコツと長い目で取り組む人たちを応援する制度であるとわかるのではないでしょうか？

LESSON 15 NISA

新NISAの全体像を知ろう

２０２４年から新しくなったＮＩＳＡ（少額投資非課税制度）は、次の大きな５つの改良ポイントがあります。

❶対象年齢が18歳以上に広がった
❷運用期間の限定が取り払われて、一生使える制度になった
❸非課税対象の投資額の上限が大きくなった
❹投資枠も2種類（つみたてと成長）の両方を併用できるようになった
❺いったん売却しても投資枠の再利用が認められた

対象範囲や期間が改良されて使いやすくなりました

金融庁や民間の金融機関の資料には、次ページのような図があるのをよく見ると思います。

表の上からチェックしてみましょう。

まず、一番上の行で、非課税が使える投資枠として、自動積立が中心の「つみたて投資枠」とそれにこだわらない「成長投資枠」があり、その両方を同時に併用できるようになった（前ページのポイント❹）のも、利用者には嬉しい改良ポイントです。

続いて、2行目の年間投資枠は、「つみたて投資枠」

つみたて投資枠と成長投資枠

	つみたて投資枠	成長投資枠
年間投資枠	120万円	240万円
非課税保有期間（注1）	無期限化	無期限化
非課税保有限度額（総枠）（注2）	1,800万円 ※簿価残高方式で管理（枠の再利用が可能）	1,200万円（内数）
口座開設期間	恒久化	恒久化
投資対象商品	長期の積立・分散投資に適した一定の投資信託 （現行のつみたてNISA対象商品と同様）	上場株式・投資信託等 （①整理・管理銘柄②信託期間20年未満、毎月分配型の投資信託及びデリバティブ取引を用いた一定の投資信託等を除外）
対象年齢	18歳以上	18歳以上
現行制度との関係	2023年末までに現行の一般NISA及びつみたてNISA制度において投資した商品は、新しい制度の外枠で、現行制度における非課税措置を適用 ※現行制度から新しい制度へのロールオーバーは不可	

（注1）非課税保有期間の無期限化に伴い、現行のつみたてNISAと同様、定期的に利用者の住所等を確認し、制度の適正な運用を担保

（注2）利用者それぞれの非課税保有限度額については、金融機関から一定のクラウドを利用して提供された情報を国税庁において管理

出所：金融庁　NISA特設ウェブサイト
https://www.fsa.go.jp/policy/nisa2/about/index.html

で選んだ積立合計額が1年間で120万円まで非課税ということ、「成長投資枠」で投資する商品なら1年間で合計240万円まで非課税で利用できることを指しています(ポイント❸)。つまり、「つみたて投資枠」と「成長投資枠」を並行して活用すると、合計年間360万円まで非課税枠が使えるということになります。なお、この範囲内ならいくら増やしても税金がかからないということなので、上限まで投資しないといけないというわけではありません。

表の3行目の「非課税保有期間」は、最も「大盤振る舞い」といわれるポイントで、期限に関係なく、生きている限り一生涯、NISA口座で投資している商品が非課税で税金がかからないということを指します(ポイント❷)。これは何より安心ですよね。長い目でみて、老後の経済不安を払拭することにもつながるでしょう。

表の4行目「非課税保有限度額」は、3行目で保有期間として一生OKといっても、非課税の対象としては投資額の上限を作りますということを指します。その上限は、一生継続できる中で1800万円分の投資額(そのうち成長投資枠は1200万円)

までとなっています。

しかし、「なーんだ」と思うことなかれ、先ほどのポイント❺で「投資枠の再利用が認められた」とありますよね。つまり、NISA口座で商品を途中売却して利益を確定したり、商品の入れ替えをしたりした場合は、売った分が投資枠から減って枠に余裕が出た分、もう一度投資にあてることができるのです。何回も利用できる枠というのがとても大きな改良点といえます。

表の5行目の「口座開設期間」も、よくあるキャンペーンなどのように期間限定ではなく、いつでもNISA口座を開設できること、7行目からは、18歳以上なら誰でもOKということ（ポイント❶）がわかりますね。

表の6行目は、投資対象に関することなので、この後、詳しく説明していきますね。

LESSON 16

NISA

新NISAの注意点

これだけ改良されてきた新NISAの制度ですが、私からみて、欠点が1つだけあると思っています。それは、「投資でプラスを出さないと効果を活かせない」ということです。

私自身も過去にNISAでいろいろな投資をして、値動きから損を抱えてしまった金融商品がありました。期間も限定されていたので、しょうがないと思って損を覚悟で換金(損切り)した際に、他でプラスが出た投資利益と相殺(損益通算)することができないのを目の当たりにしました。

これは、NISAが非課税用の特別口座で、税務申告などのプロセスも特殊になっているため、NISA口座以外の投資のプラスやマイナスとの相殺など連携が取れないのはシステム上やむを得ないことだと私自身、理解しています。つまり、NISAでは、プラスの利益への非課税にしか対応できないということをしっかり納得した状態にして利用することが大事だと思っています。

とはいえ、改良された新ＮＩＳＡでは、以前のように5年間などと非課税期間が限定されているわけではなく、非課税で運用できる期間が一生になったのは本当に朗報でした。ＮＩＳＡでの投資運用を、すぐに換金しないでよい余裕資金の範囲内でやっていれば、今後、急いで損切りをすることも避けられるのではないでしょうか？

よって、制度運営上のデメリットはありますが、私たち自身の運用のスタンスでカバーしていくことは可能です。その点だけ意識していただければ、非常に使いやすくなったＮＩＳＡだと思います。

第3章

実際に新NISAをはじめてみよう!

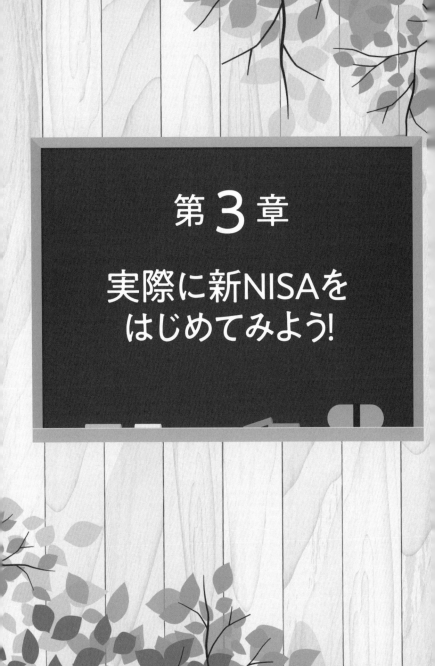

LESSON 17
NISA

新NISAはどこではじめられるの？

新NISAをやろうと思ったら、まず、金融機関選びからはじまります。というのも、NISA口座は、複数の金融機関に作ることができず、一人1口座しか持てないからです。なので、どの金融機関でスタートするかはとても重要ですよね。

もちろん、スタートした後に、途中で、NISA口座の金融機関を変更することはできます。でも、年単位での移行となるので、運用状況と合わせて手続きのタイミングや書類の準備をするのは、なかなか面倒な作業になります。まずは、最初にずっと付き合っていける金融機関を選ぶことが、スムーズにストレスなく続けられるコツです。

金融機関は証券会社や銀行など、全国にいろいろありますが、金融機関によってNISAで投資できる商品の種類など詳細が異なりますので、運用をしてみたい投資商品があるかどうか、積立など自分のペースでやりやすいかどうかを事前にチェックすることが大事です。

下記の表にＮＩＳＡを取り扱っている金融機関と投資できる金融商品の種類をまとめました。一般的には、銀行や証券会社を多く見かけることでしょう。ただし、銀行の取り扱い商品の内容は、証券会社と違ってきます。ＮＩＳＡ口座で積立や売買をする対象として、銀行は投資信託のみになりますが、証券会社は、投資信託の他、個別の株式や、証券取引所に上場して株式のように日々売買できる上場投資信託も扱っています。特に、ネット証券は、インターネットだけで完結できるサービスにしており、商品の取り扱い数も多く、投資信託も、非常に数多い中から選べるようになっています。

また、投資信託の中身にこだわりをもって

NISAを取り扱う金融機関と商品の種類

	銀行	証券会社		直販会社
種類など	大手・地銀・ネット銀行・ゆうちょ銀行・信金など	大手証券など	ネット証券	投資信託直販会社
NISAの取扱商品	投資信託	株式・投資信託・上場投資信託(ETF)		投資信託
つみたて投資枠	投資信託3本程度～	投資信託3本程度～	投資信託100本程度～	自社の投資信託中心
成長投資枠	投資信託(数百本など)	投資信託(数百本)・株式・上場投資信託	投資信託(1000本以上)・株式・上場投資信託	自社の投資信託中心

金融機関によって取り扱う商品が変わってきます

組成している独立系の投資信託直販会社も、取り扱いは投資信託のみで、かつ自社の商品が中心になります。なお、この先ずっと、投資信託の積立で「つみたて投資枠」だけを意識していればいいという人にとっては、銀行や証券会社もあまり差がないかもしれません。というのも、「つみたて投資枠」で扱われる投資信託は、長期・積立・分散に適しているものという条件を満たし、金融庁によって認められた投資信託に限定されているからです。2024年2月29日現在、金融庁が発表している「つみたて投資枠対象商品」は282本あります。その中で金融機関がセレクトした品揃えになっていますので、とにかく「つみたて投資枠」でという人は、普段使われて慣れている銀行などで口座開設してもよいでしょう。

NISAで投資できる商品

「成長投資枠」で投資できる商品
投資信託・証券取引所に上場している株式と上場投資信託

つみたて投資枠
長期・分散・積立用の投資信託

参考：金融庁「つみたて投資枠対象商品」
https://www.fsa.go.jp/policy/nisa2/products/

一方、将来、平均的な投資信託だけでなく、成長が見込める企業や業界に投資したりして、資産増加を目指したいと思う人、つまり、ＮＩＳＡの「成長投資枠」を使って、個別の株式などへ投資範囲を広げたいと思う人でしたら、証券会社を選んだほうが良いといえます。もちろん、最初は、銀行などでＮＩＳＡをスタートさせた後、途中で、証券会社などへＮＩＳＡ口座の変更することもできます。しかしその際は、ＮＩＳＡ口座が二重にならないように、かつ税制上の取り扱いの引き継ぎのために、毎年9月末までなど一定期間までに書類準備が必要で、移行の時間もかかってしまうことから、投資できない数カ月が発生してしまいます。それはちょっと手間も時間も成果もロスを生んでしまいますよね。

いろんな可能性があることを考えて長い目でみたら、証券会社で、投資信託のみでなく、株式や上場投資信託など幅広く扱われるものを選んでおいたほうがよいのではないでしょうか。

その際、手数料などのコストを抑えて、幅広い商品群から検索などで選んでいきたいと思う場合は、ネット証券が大きな候補になります。金融機関別の機能や特徴については、さらに次のページで整理していきましょう。

LESSON 18 NISA

新NISAを取り扱う金融機関によって何が違うの？

銀行や証券会社という金融機関の種類によって、NISAで取り扱う商品の種類が違うことは前ページで触れましたが、もう少し細かいことも押さえておきましょう。実際に続けていくために知っておいたほうがいいことを整理すると、次のような点が違いとしてあげられます。

①取り扱っている商品の本数は多いほうがいいか？　少なくていいか？

まず、投資信託の取り扱い本数は、証券会社、特にネット証券が多い傾向にあります。64ページでも触れましたが、「つみたて投資枠」で投資できる投資信託は2024年2月現在282本で、金融機関によってどれを取り扱うか、品揃えに差が出てきます。

また、「成長投資枠」で売買できる対象の個別株式や上場投資信託（ETF）は、証券会社でしかできません。上場投資信託（ETF）は、投資信託を証券取引所に上場させて株式と同様に売買できるようにしているので、これも、証券会社でしか扱えません。

あまりたくさんの選択肢があると迷って選べないという人は、品揃えが多いことにこだわる必要はないでしょうが、選択肢が多い金融機関は、商品を検索で絞り込めるような機能もついているので、最低限チェックしながら商品を選べるようになりたいですよね。その選び方、検索の仕方については、第4章以降でお伝えします。

②積立方式は、多様なほうがいいか、シンプルなほうがいいか?

積立というと毎月25日や1日などの日を決めて積立をしていく、毎月自動積立が定番ですが、よくみると、毎週1000円ずつとか、毎日100円ずつなどの積立方式が採用できるところがあります。積立方式が多様なのは、主にネット証券で見られますが、毎日少しずつのほうが自然でいいと思う人などは、こだわってチェックしてみてもいいでしょう。

また、自動積立を設定できる最低金額は、従来は1万円程度が多かったのですが、最近はもう少し小口で、3000円、5000円、さらには100円から積立られるなど、ハードルを低くしているネット証券も見られます。少しずつ慣れていきたいという人などは、金額を低めに設定できるところを選ぶ方法もありますね。

③取扱手数料について

通常、株式や投資信託を買ったり売ったりする際は、売買手数料がかかります。その手数料は各金融機関により異なります。取引の回数が多くなってくると、この手数料もボディブローの

金融機関によるNISAの取り扱い内容の違い

		銀行	証券会社		投資信託直販会社
			大手証券など	ネット証券	
取り扱い商品	投資信託本数	少ない〜中	中	非常に多い	少ない
	株式	-	有	有	-
	外国株	-	一部（米国株などあり）	一部（米国株などあり）	-
	上場投信（ETF）	-	有	有	-
積立方式	積立の頻度	毎月が多い	毎月が多い	毎月・毎週・毎日など多様	毎月が多い
	最低積立額	月1000円〜が多い	月1000円〜が多い	1回100円〜など多様	月3,000円〜など
その他	投信売買手数料	無料が多い	無料が多い	無料	無料or低め
	株式売買手数料	-	取引による	低め	-
	クレジットカード積立	○	○	○	△（一部取扱）
	ポイント還元	○	○	◎	△（一部取扱）

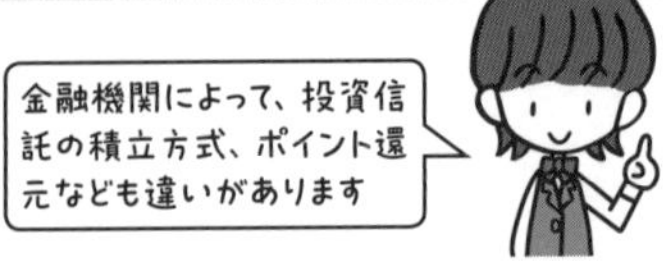
金融機関によって、投資信託の積立方式、ポイント還元なども違いがあります

ように影響してくるので、手数料が安い金融機関を選ぶのも選択肢のひとつです。

こうした売買手数料は、人件費などのかからないネット系証券会社のほうが低い傾向があります。

NISAで扱う投資信託は、売買手数料が無料の商品も多いですが、個別株式などの売買などでも、手数料が低めのところを選んだほうが、長期的な投資効果をあげることにつながります。

④ポイントが貯められるところもある

最近、NISA口座で投資した金額に応じてポイントが貯められるところも増えてきています。おまけ的要素ではありますが、とてもモチベーションにつながっている効果として、ポイントが貯められるのも見逃せないでしょう。

たとえば、SBI証券では、2024年4月現在、Vポイント、Pontaポイント、dポイント、PayPayポイント、JALマイルポイントのうちのどれか1つを貯めることができ、楽天証券では楽天ポイント、auカブコム証券ではPontaポイントなどを貯められます(2024年4月現在)。

ポイ活として、たとえば、下のイメージ図のように投資の効果をポイントとしても活用する方法があります。

証券会社は何となく敷居が高いな…と感じていた人でも、日常使っているポイントが貯められる証券会社を選んで、ポイ活と合わせて投資をしていく方法もありますね。

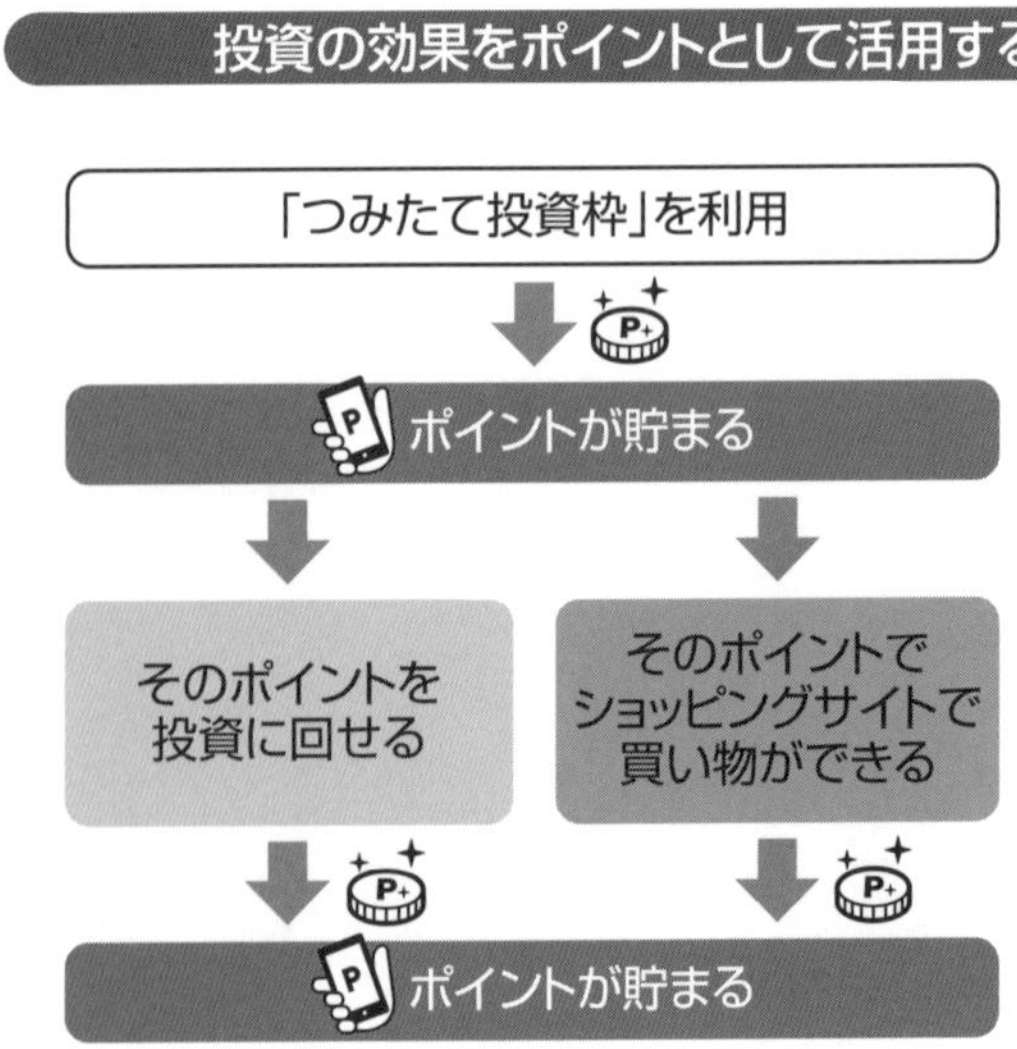
投資の効果をポイントとして活用する方法
「つみたて投資枠」を利用
P
ポイントが貯まる
そのポイントを投資に回せる
そのポイントでショッピングサイトで買い物ができる
P
ポイントが貯まる

投資をしてポイントが貯められるのは、うれしいサービスですね

LESSON 19 NISA

実際の新NISAの口座開設の流れを見てみよう

金融機関が絞れてきたら、実際にどんな手続きをして新NISAの口座を開くことができるのかを見てみましょう。

①金融機関のWebサイトから口座開設の申請と同時に、本人確認の書類が必要

本人確認の手続きはとても重要です。もともと金融機関だからというのもありますが、特にNISA口座については、税制上の非課税の特典の対象であることを証明し、一人1口座というルールを守るために、本人確認は非常に重要なステップになります。ここでは、個人の名前や住所、

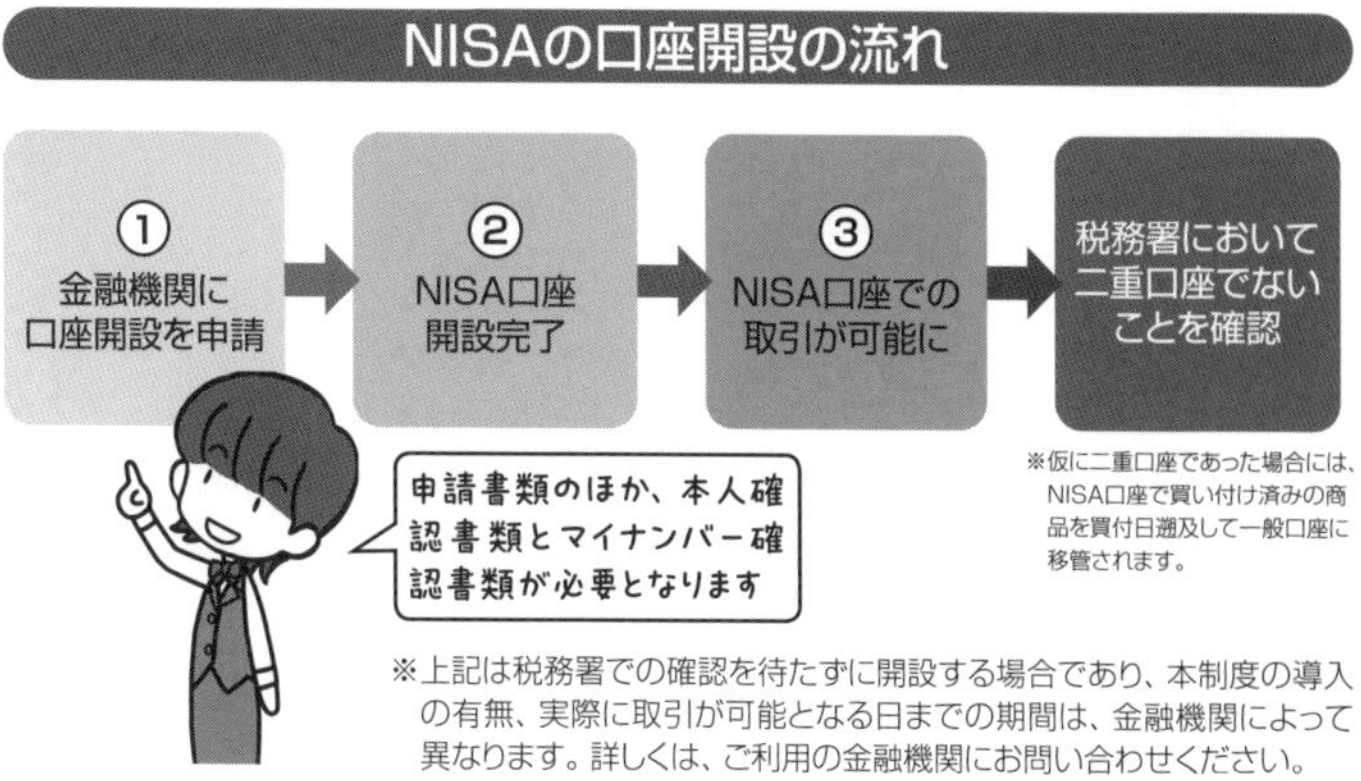
NISAの口座開設の流れ
①
金融機関に
口座開設を申請
②
NISA口座
開設完了
③
NISA口座での
取引が可能に
税務署において
二重口座でない
ことを確認
※仮に二重口座であった場合には、NISA口座で買い付け済みの商品を買付日遡及して一般口座に移管されます。
申請書類のほか、本人確認書類とマイナンバー確認書類が必要となります

※上記は税務署での確認を待たずに開設する場合であり、本制度の導入の有無、実際に取引が可能となる日までの期間は、金融機関によって異なります。詳しくは、ご利用の金融機関にお問い合わせください。

出所：金融庁　NISA特設ウェブサイト
https://www.fsa.go.jp/policy/nisa2/know/

年齢、性別などを明確にする他、本人確認書類としてのマイナンバーカードか運転免許証、パスポートのコピーを提出することが必要です。

②金融機関の総合取引口座に申込みをし、同時にNISA口座を開設する

勘違いとしてよくあるのですが、金融機関でNISA口座だけを作ればいいと思う人が多いようです。しかし、実際の手続きとしては、課税対象の取引も含めた総合的な取引口座を開設し、さらに非課税口座としてNISA口座を持つという手順を踏みます。

③申請した情報が金融機関を通じて、税務署でも確認される

非課税特典が不公平に利用されることがないように、一人1口座のルールを守っているかについて、税務署でも二重にNISA口座が持たれていないかをしっかりチェックしています。仮に、ネット上などで、複数の金融機関に、ほぼ同時にNISA口座の申込みをした場合、税務署に申込み情報が先に届いた方の金融機関の口座が採用され、残りは、一般的な課税対象の口座になりますので、注意が必要です。

LESSON 20 NISA

新NISAはスマホでもはじめられるの?

新NISAをはじめたいと思っても、あまりパソコンに使い慣れていない、金融機関の窓口が開いている時間になかなか行けないなど、やっぱり敷居が高いと感じることもあるでしょう。ご安心ください。最近は、スマートフォン(以下、スマホ)だけで、総合取引口座の開設とNISA口座の開設を同時にできるようになってきています。

その流れは、次の通りです。

❶スマホでNISA口座を開設したい金融機関等のWebサイトを開く
❷「口座開設の申込み」を選択する
❸画面の指示に沿って、運転免許証やマイナンバーカードなどの本人確認書類をスマホのカメラで撮影し、本人確認を行う
❹住所や氏名などの個人情報を入力して送信する

基本的にこの手続きで、口座開設の申込みができます。すべてインターネットで完結でき、スマホ1つでも手続きが完了するわけですね。

スマホで本人確認してNISA口座を開設する場合

① 口座開設の申込み

Webサイトの「口座開設」ボタンより申込みを行います。メールアドレス登録後に送信される確認メールに記載されているURLから申込みを行います。

▼

② スマホで本人確認

スマートフォン+運転免許書または、マイナンバーカードをお持ちの人は「スマホで本人確認」を行います。

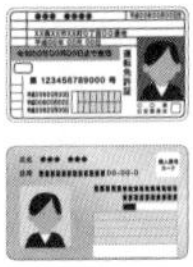

▼ 翌営業日以降

③ ログインIDの受取り

審査完了後、ログインIDがメールで送付されます。

ID・PASS

▼

④ 初期設定・マイナンバー登録(仮開設)

ログイン後、画面より初期設定とマイナンバー登録が完了するとNISA口座でのお取引が可能です。

▼ 税務署審査

⑤ NISA口座の開設完了(本開設)

税務署での審査完了後、NISA口座の開設手続完了メールが届いたら手続き完了です。NISA口座を引き続きご利用できます。

出所:楽天証券の口座開設画面より

スマホだけで、総合取
引口座とNISA口座の
開設ができます

書類のアップロードで本人確認して開設する場合

1

口座開設の申込み

Webサイトの「口座開設」ボタンより申込みを行います。メールアドレス登録後に送信される確認メールに記載されているURLから申込みを行います。

▼

2

本人確認書類のアップロード

運転免許書または、マイナンバーカード以外の、本人確認書類をご利用の人でパソコンから提出される人はアップロードを行います。

▼ 約5営業日

3

ログインIDの受取り

審査完了後、ログインIDと初期パスワードが転送不要の書留郵便で送付されます。

▼

4

初期設定・マイナンバー登録(仮開設)

ログイン後、画面より初期設定とマイナンバー登録が完了するとNISA口座でのお取引が可能です。

▼ 税務署審査

5

NISA口座の開設完了(本開設)

税務署での審査完了後、NISA口座の開設手続完了メールが届いたら手続き完了です。NISA口座を引き続きご利用できます。

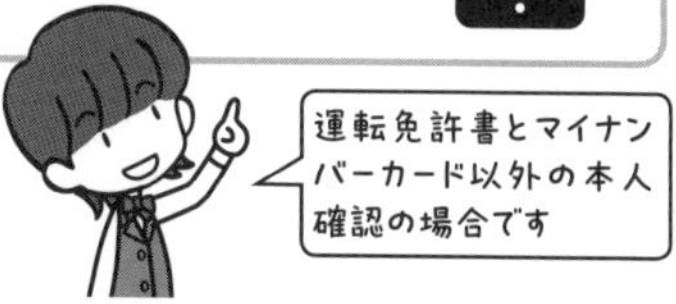

LESSON 21
NISA

「NISA即日買付制度」で最短、即日で運用もはじめられる

実際にNISA口座開設の申込みをすると、税務署に情報が送られ、他の金融機関でダブって口座を開設していないかチェックされます。税務署での審査は、約1～2週間程度かかるといわれ、その審査が完了すると、晴れてNISA口座の開設についてのお知らせが届きます。

私たちは「やりたい！」と思ったら、そのままの勢いでついつい進めたくなりますよね。NISAをはじめようと思っても、実際に利用ができるようになるまでに数週間かかると、その間に値動きがあったり、タイミングを逃して気持ちが冷めてしまうこともあったことから、その手続きスピードについては改良されています。

少しでも口座開設から取引へと迅速に進められるように、2019年1月から「NISA即日買付制度」がスタートし、導入されはじめました。その制度に対応する金融機関は、NISA口座の申込みから取引開始までの期間がグッと短縮される

ことになります。中には、ＮＩＳＡ口座開設時に、必要な本人確認書類をウェブで提出した場合、最短当日で取引が開始できるところもあるほどです（楽天証券・ＳＢＩ証券・マネックス証券など）。

即日買付制度を導入した申込み方法なら、税務署での審査結果を待つ必要がなくなるわけですが、もし、税務署での審査の結果、他の金融機関ですでにＮＩＳＡ口座を保有しているなどの理由で今回申請したＮＩＳＡ口座が認められなかった場合、今回のＮＩＳＡ口座で行った取引はすべて課税口座である一般口座の取引へ変更されてしまいます。よって、以前ＮＩＳＡ口座を申請した経験がある人や記憶が曖昧な場合は、税務署の審査完了後にＮＩＳＡ口座での取引をスタートしたほうがいいでしょう。

今回、初めてNISAをはじめる人は特に気にする必要ありません

LESSON 22 NISA

NISA口座で投資信託の積立をはじめる場合の流れは？

以前、NISA口座を開設した後にそのまま放置してしまった人の話もちらほら聞いたことがあります。せっかく口座を準備したのに投資のアクションにつながらなかったら、宝の持ち腐れになってしまいますよね。

ここでは、初めてNISAをスタートする際に、どのようにステップアップしていったらいいのかを見てみましょう。

まず、NISA口座が開設できたら、金融機関のNISAの「つみたて投資枠」の商品ラインアップを見てみましょう。「つみたて投資枠」で利用できる商品は、金融庁の基準により、長期・積立・分散投資によ

つみたて投資枠で投資できる投資信託の基準

項目内容	基準
購入時の手数料	なし
運用管理費用（信託報酬）	一定水準以下、コストが低い
運用期間	長期である
分配金を受け取る頻度	毎月のみではなく、再投資などで長期投資の効果を出しやすい

これらの要件にあてはまる商品を各金融機関が選定しています

る資産形成にふさわしい投資信託が厳選されています。

これらの要件にあてはまる商品の中から、各金融機関が選定しているので、選べる商品数などは金融機関によって異なっていますが、ランキングなどをみると、全体的に人気な定番商品があります。

投資信託を選ぶ際の基準は第4章以降でお伝えしますが、手続き面では、次のような流れになります。(投資信託はファンドとも呼ばれるので、以下ファンドで手順を説明します)

¥ 手順

①投資したい商品を選び、積立の注文画面を開く

なお、「自分では決められない」という人は、質問に答えていき、おすすめされた銘柄からスタートさせることができる金融機関もあります。

↓

②積立金額を入力する(1000円、5000円、1万円など)

↓

③分配金コースを選択する
（複利の効果を活かすためにそのつど分配金をもらうのではなく、再投資型を選びたいですね）
←④投資信託の目論見書（投資信託説明書）を確認する
←⑤積立額の引き落とし方法と積立指定日を選ぶ
←⑥設定内容を確認して手続き完了する

設定した内容を確認して、後は画面の操作にしたがって手続きを完了させれば、設定が完了します。

投資信託の積立設定は、一般的にこのような手順です。

つみたて投資枠の手続きの流れ

投資したいファンドを探す

①投資したい商品を選び、積立の注文画面を開く

積立設定

②積立金額を入力する（1000円、5000円、1万円など）

毎月の積立額	円

分配金（再投資型）

③分配金コースを選択する

目論見書の確認

④投資信託の目論見書（投資信託説明書）を確認する

引き落とし方法

⑤積立額の引き落とし方法と積立指定日を選ぶ

- □ クレジットカード
- □ 証券口座
- □ その他の金融機関　など

内容確認設定完了

⑥設定内容を確認して手続き完了する

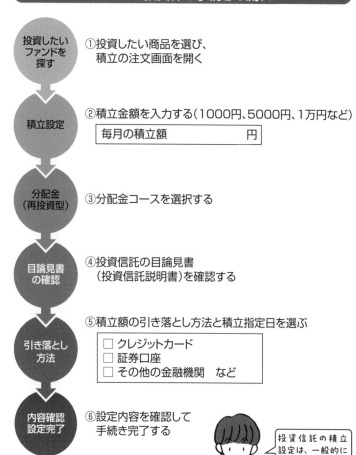

なお、④にある投資信託の目論見書は、一見難しそうに見えますが、購入しようとする投資信託について投資判断をするのに必要な重要事項が説明された書類のことで、投資信託を購入する前に必ず読むように指示があります。具体的には、次の内容のものです。

❶投資信託が何に投資するものでどんな特色があるのか？
❷投資のリスクはどんなものか？
❸過去の運用実績はどうか？
❹手数料等はいくらなのか？

購入する前に、
必ず内容をよく
確認しましょう

基本的な内容ですので、一通り目を通して、投資のスタイルに慣れていくことも大事だと思います。このような書類に慣れることは、今後、賃貸や住宅購入契約をする際などにも、共通するので、とても役立つ習慣になると思いますよ。

第4章

何に投資したいのか
整理してみよう!

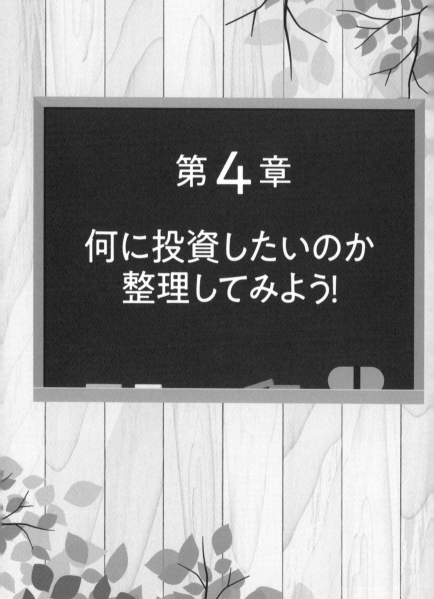

LESSON 23
NISA

そもそも新NISAは何に投資できるの？

今利用できる新ＮＩＳＡは、従来の制度の改良版ですが、そもそも、何のために「つみたて投資枠」と「成長投資枠」に分けて、投資対象も線を引いているのでしょうか？その目的を整理してから、改めてＮＩＳＡの投資枠の分類を見ると、なるほどそういう違いから分けているのかと使い分けが見えてくるのではないかと思います。

まず、「つみたて投資枠」の目的は、長期にわたって、コツコツと分散投資をしていきながら、長い目で資産形成をすることです。一方、「成長投資枠」は、毎月定期的な積立に限らず、割安なときに購入して、価値が評価されて利益が出そうなタイミングで売却していくことに向き、投資家の自由なタイミングで資産形成できるための枠です。

よって、投資できる商品も「つみたて投資枠」は長期の積立・分散投資に適し、一定基準をクリアした投資信託に限定される一方、「成長投資枠」は、幅広く個別株式から、証券取引所に上場している投資信託（ＥＴＦ）や上場している不動産投資信託

（REIT）、その他、つみたて投資枠では投資できない特徴的な投資信託も対象になります。とはいえ、「成長投資枠」でも、リスクがとても高い株式や投資信託は非課税対象から除外されています。

　このような投資対象の違いから、「つみたて投資枠」は定期的な積立専用でリスクも比較的低く、一方、「成長投資枠」は自由度が高い分、リスクも比較的高いものが含まれるということがわかりますね。

つみたて投資枠と成長投資枠の目的と特徴

枠	つみたて投資枠	成長投資枠
目的	長期・分散・積立投資による資産形成	自由なタイミングで将来価値あるものへ投資することによる資産形成
投資対象	金融庁の基準を満たした投資信託	個別株（国内、海外）、上場投資信託（ETF、REIT）、投資信託など
投資特徴	定期的な積立投資専用	まとまった額の個別株や上場投信、特徴ある投資信託など多種多様
リスク	比較的低い	比較的高い
年間投資額上限	120万円	240万円
非課税保有限度額	合計総枠1,800万円（売却後、枠の再利用が可能）	
		1,200万円まで

それぞれの目的に
合わせた投資対象
になっています

LESSON 24 NISA

株式投資と投資信託の違いって何？

さて、ここで個別の企業の株式投資と、投資信託の違いを整理してみましょう。

株式というのは、株式会社がお金を出資してくれた人へ発行する証券のことです。自社の株式を証券取引所に上場していると、日々売買できる状態になり、広く投資家から出資をしてもらえるようになります。それによって、株式会社は、工場や新商品開発など設備投資などもできるので、会社にとって株式は、大切な資金調達の手段になります。

そして私たち投資家は、証券取引所に上場されている株式を選んで、売買の注文を出すのに証券会社を通じて行います。

株式投資の仕組み

個別の会社の株式の値段、株価は、投資したい人と売却したい人の間の需要と供給、いわばマッチングで決まるので、日々刻々と変化しています。その値上がりや値下がりは、会社の経営や業績の見通しはもちろんのこと、地震や台風、火事などの災害や冷夏や大雨などの天候、戦争やテロ事件などによっても変わってきます。よって、1つの株式だけに投資するのは、複数に投資をするよりも、値動きの幅が大きくなりがちといわれます。

証券会社と所証券取引所の役割

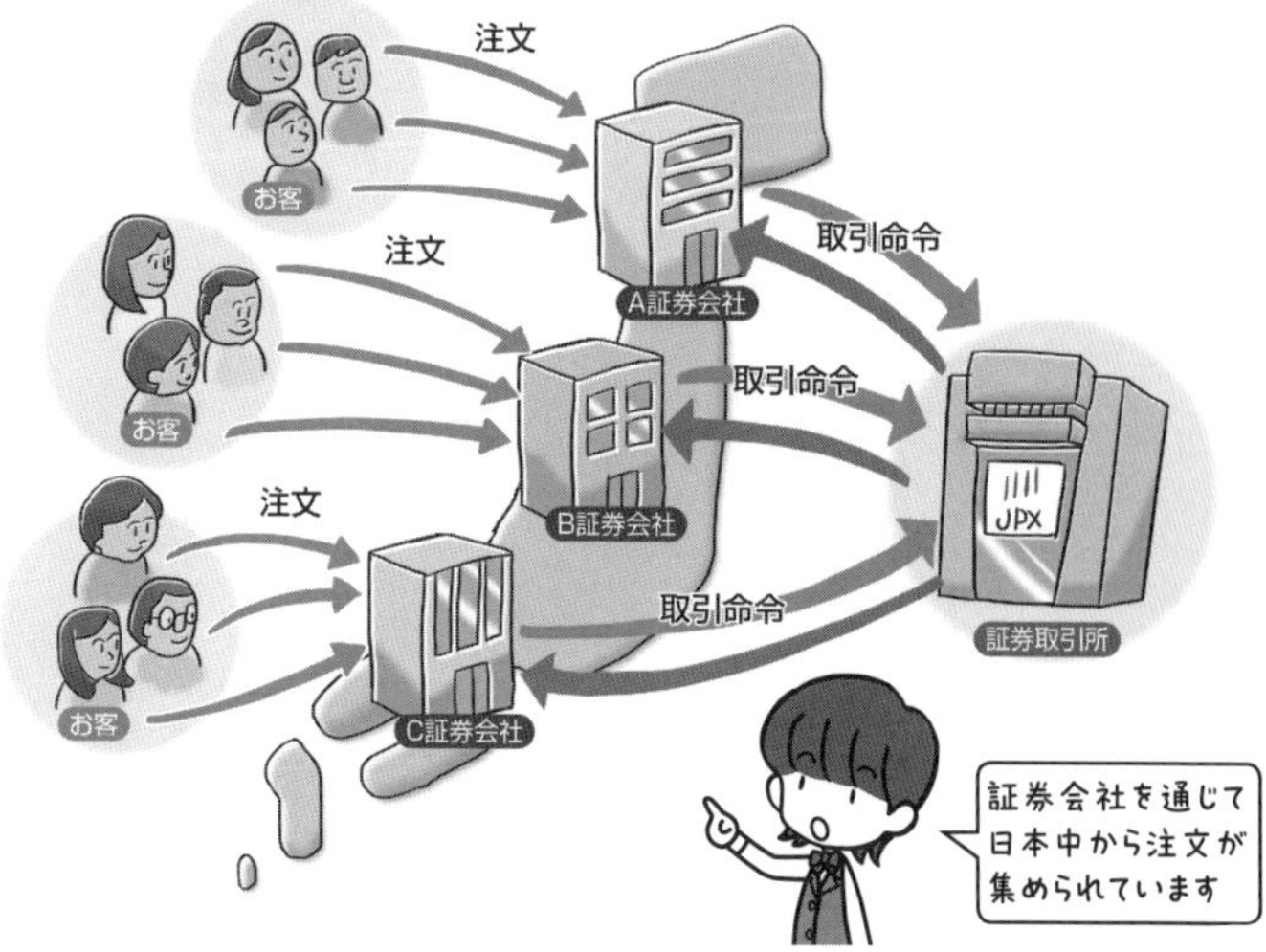

そこで、1つの銘柄だけでなく、複数の銘柄に投資できるように、みんなで少額ずつお金を出し合おうという仕組みが投資信託(ファンド)です。投資家がみんなでお金を出し合って、まとまったお金になれば、それをもとに、運用の専門家に委ねて複数銘柄への分散投資をしてもらうことが可能になりますよね。なので「投資を信じて託す＝投資信託」が時代とともに広がってきました。

投資信託と株式の大きな違いは、株式のほうが取引時間内で刻々と値動きがある一方、投資信託は価格が1日に1回計算されてわかるという点でしょう。また、投資信

株価が上がったり下がったりする理由

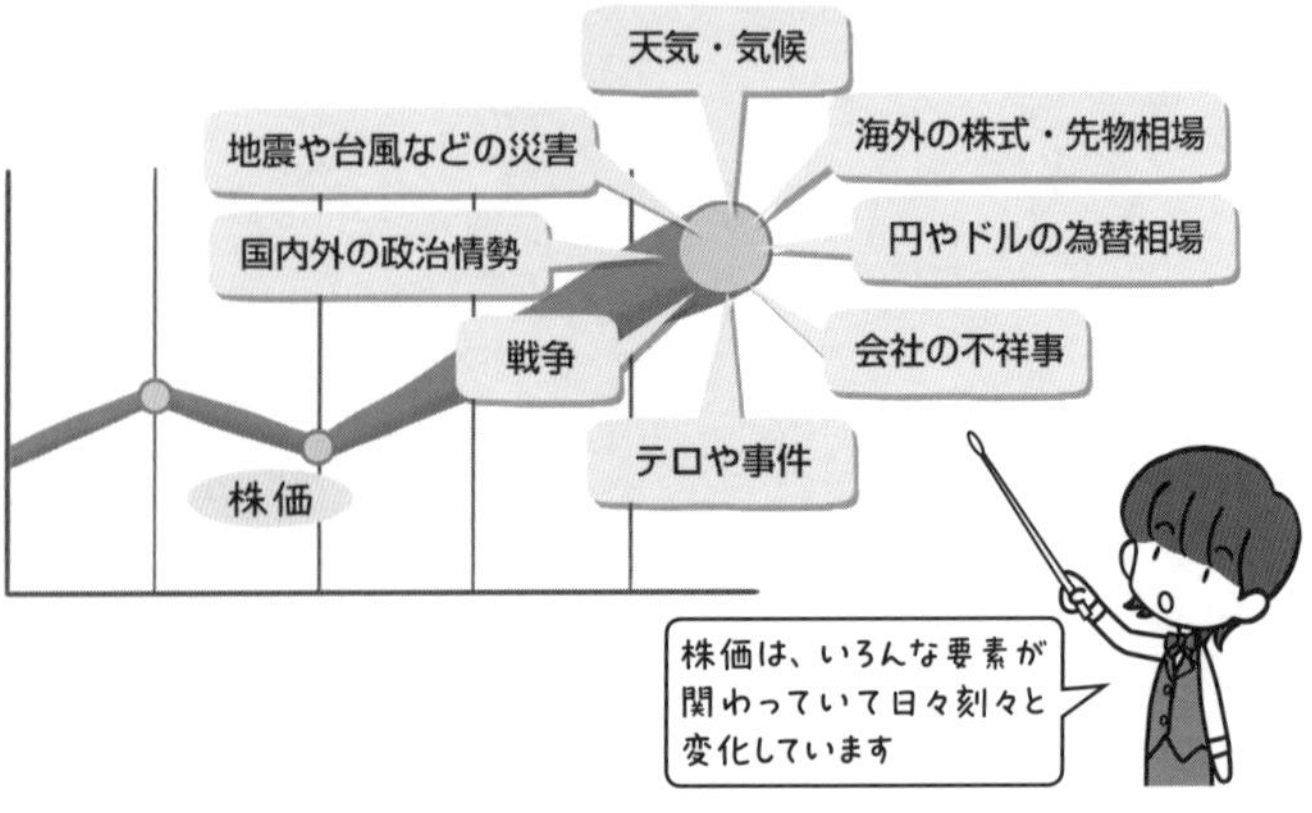

託でも証券取引所に上場されて、株式のように売買できるものもありますが、株式や上場投資信託といった上場されているものは、どの証券会社からも一様に注文を出すことができて、売買が成立したらその場で価格が決定します。

投資に初めて取り組まれる人は、価格に一喜一憂しないですむように、投資信託を中心に選んでいかれるとよいのではないでしょうか。

初めて投資をする人
は投資信託を中心に
選ぶとよいでしょう

株式と投資信託、上場投資信託の違い

	株式	投資信託	上場投資信託
内容	証券取引所に上場されている個別の企業の株式	複数の株式・債券などを集めて1つのファンドにしたもの	複数の株式・債券・不動産などの投資信託で、証券取引所に上場されているもの
価格の決まり方	証券取引所での売買成立ごとに	コストや分配金を差し引いた「純資産総額」を口数で割る	証券取引所での売買成立ごとに
価格が決まるタイミング	刻々と変わる	1日に1回	刻々と変わる
どこで買える?	どの証券会社でも買える	銀行・証券会社などの品揃えによる	どの証券会社でも買える

LESSON 25 NISA

投資信託ってどんなものがあるの？

ここでもう一度、投資信託とはそもそも何か掘り下げてみましょう。

「投資信託」とは、投資する人みんなから少しずつ集めたお金を大きな資金としてまとめて、運用の専門家（ファンドマネージャー等）に運用してもらい、その成果を投資家に還元する仕組みの金融商品です。運用する内容は、各投資信託の運用方針によって、国内や国外の株や債券、不動産（ＲＥＩＴ）などさまざまです。資産運用を投資のプロに任せることができるので、投資に対する知識や経験があまりない投資初心者にもはじめやすく、通称「ファンド」ともいわれています。

投資信託の仕組み

投資信託を作ったり取り扱ったりするためには、金融庁の認可・登録が必要で、金融商品も、利用規約のような約款(一度に多くの人が同種の取引を迅速・効率的に行うために作成された取引条項)で管理されています。その約款上の分類で、投資信託は株式を運用対象にしているか否かにより、株式投資信託と公社債投資信託の大きく2つに区分されます。それぞれの特徴は、下記のとおりです。

さらに、株式投資信託は商品の特徴によって、次のように分類されています。

インデックス型

運用方法が、日経平均株価や東証株価指数(TOPIX)などの株価指数と同じ値動きをする運用を目指す投資信託は、値動きが株式市場や債券市場など、市場全体の動きに連動するようにシステム的に設計され、コストが低い

株式投資信託と公社債投資信託

株式投資信託	公社債投資信託
株式を運用対象としている投資信託です。約款上、株式を対象としているかどうかで判断されるので、実際には株式を組み入れずに運用している投資信託もあります。	国債や社債などの債券(公社債)を中心に運用している投資信託です。株式を組み入れることは、一切できないルールになっています。

のが大きな魅力です。運用スタイルとしてパッシブ運用といわれています。ちなみに、日経平均株価というのは、日本経済新聞社が、東京証券取引所プライム市場に上場している企業の中から業種などのバランスを考えて選んだ225社の平均株価のことです。「日経225《にっけいにーにーご》」ともいわれます。また、東証株価指数は、東京証券取引所に上場している銘柄を広く網羅して、一定の計算方法によってポイントで表示される指数です。TOPIX(Tokyo Stock Price Index：トピックス)ともいわれ、日経平均と並んで、投資信託の運用の基準となり、ニュースなどでも伝えられる数字です。

たとえば、日経平均株価に連動するインデックスファンドを選んだ場合、日経平均株価が上昇すればインデックスファンドも値上がりし、日経平均株価が下落すればインデックスファンドも値下がりします。なので、テレビのニュースを見ているだけで、傾向がわかりやすいのもメリットです。あまり複雑なことは好きでなくて、シンプルに効率よく投資したい人に向いているといえます。

アクティブ型

運用会社が、株価指数等の指標以上の成果を目指すために調査・分析を行って、銘柄を選んで積極的に運用する投資信託です。運用スタイルとしてはアクティブ運用といわれ、株式市場の平均よりも良い運用を目指し、銘柄の選択や投資手法などは独自に組み合わされてオリジナル度が高い商品です。とはいえ、株式市場の平均よりも良いときもあれば、当然ながら下回ることもあります。

市場平均に連動するシステムでコストが低いインデックス型に比べると、ファンドマネージャーや運用チームへの信託報酬という手数料もかかるので、コストが比較的高めに設定されています。なので、平均では嫌というこだわりや、時代の先端を行こうと流行に敏感な人に向いているといえます。また時代とともに、投資商品を入れ替えることも必要になるので、メンテナンスもできる人のほうが向いているでしょう。

バランス型

バランス型というのは、「国内の株式だけ」とか「海外の債券だけ」というひとつの種類の資産に偏ることなく、世界中の複数種類の資産を組み合わせて1本の投資信託にしたものを指します。中には、国内海外の株式、国内海外の債券、国内海外の不動産投資信託（REIT）など6種類から8種類に配分するという形で、複数の資産（商品）や地域にバランス良く投資をするものもあります。ファミレスなどで、ワンプレートでいろいろ食べられるセットをイメージするとよいでしょう。

途中、資産の配分割合をファンドマネージャーが調整してくれるので、ほったらかしで任せたい人に向いています。ただ、その分運用の手数料（信託報酬）は高めになるので要注意です。

投資信託の種類

	インデックス型	アクティブ型	バランス型
特徴	効率重視で平均的なリターン	平均以上を目指し積極的な運用	複数種類の資産を1本に組み合わせて運用
運用方法	TOPIXや日経平均株価などの市場指数の値動きに連動	ファンドマネージャーや方針によって様々	ファンドマネージャーや方針によって様々
運用の手数料（信託報酬）	低い	高め	高め
付き合い方	TVのニュースで、値動きの傾向をチェック	平均では嫌、時代の流行などを楽しむ	運用方針に賛同したら、投資後はあまり動かさない
どんな人向き?	コストを抑えてシンプルに効率よくやりたい人	定期的にチェックして入れ替えなどメンテナンスできる人	途中の入替えなども、運用の専門家に任せしたい人

投資信託も運用の中身でいろいろな種類があります

LESSON 26 NISA

投資信託はどうやって選ぶの?

株式投資信託は、2024年2月末現在、5839本もあり、公社債投資信託は86本あります(一般社団法人 投資信託協会調べ)。これでは選ぶのも迷いますよね。ここでは、投資信託を選ぶ際に最低限、見ておきたいポイントをお伝えします。たいてい、金融機関の商品メニューの中で、以下の情報は一覧で見られるようになっています。

投資対象が何か、自分のイメージや目的とずれていないか?

株式、債券、不動産、その他などです。

地域がどこか? 国内、海外、両方か?

海外が対象になっている場合は、当然、日本円と海外の通貨との交換比率である為替レートの影響を受けますが、そのため為替変動に対して対策をとるもの(為替ヘッジあり)か、とらない(為替ヘッジなし)かがあります。

どんな方法で運用するか？

94ページの表にある「インデックス型」「アクティブ型」「バランス型」は必ずチェックするようにしましょう。

投資信託の規模（純資産総額）はどのくらいか？

運用実績から、最近の運用残高として、純資産総額がわかるようになっています。純資産総額とは、ファンドの大きさのことです。金額を出す式としては、運用している株式や債券などの評価額から運用にかかる信託報酬などの諸経費を差し引いて純資産総額が算出されます。

基準価額の推移はどうか？

投資信託を購入・換金する際に、基準となる価額が基準価額です。投資信託の純資産総額を投資家が購入している総口数で割って計算され、通常は1万口あたりの金額で表示されます。この金額の上り下がりに一喜一憂する必要はありません。傾向だけを見るようにしましょう。

¥ 購入時にかかる費用(購入時手数料)はいくらか?

無料なのか、購入額の何%なのかが明記されています。

¥ 運用にかかる費用(信託報酬)はいくらか?

運用しているファンドマネージャーやチームへの報酬として運用残高(純資産総額)に対して何%かかるかが明記されています。

¥ 売買時にかかる費用(売買委託手数料、信託財産留保額)はいくらか?

これも売却した際に売却価額の何%かが明記されています。

¥ 分配金の受け取り方はどのような内容か?

分配金があるタイプかないタイプか? 毎月受け取れるタイプ、再投資するタイプか?

分配金は配当金のようなものです。複利での運用成果を高めたい場合は、分配金がなくてもよく、仮にあっても再投資するタイプのほうがいいでしょう。

どれも重要な情報ではあるのですが、投資信託を選ぶ際は、目的や投資対象から絞り込んだ後は、安定度とコストを見極めるため、次の3点を最低でもチェックしましょう。それが、安定的な投資信託を絞り込めるコツといえます。

❶過去3年以上の運用実績がある
❷純資産総額が最低でも100億円以上ある
❸手数料が高すぎないこと

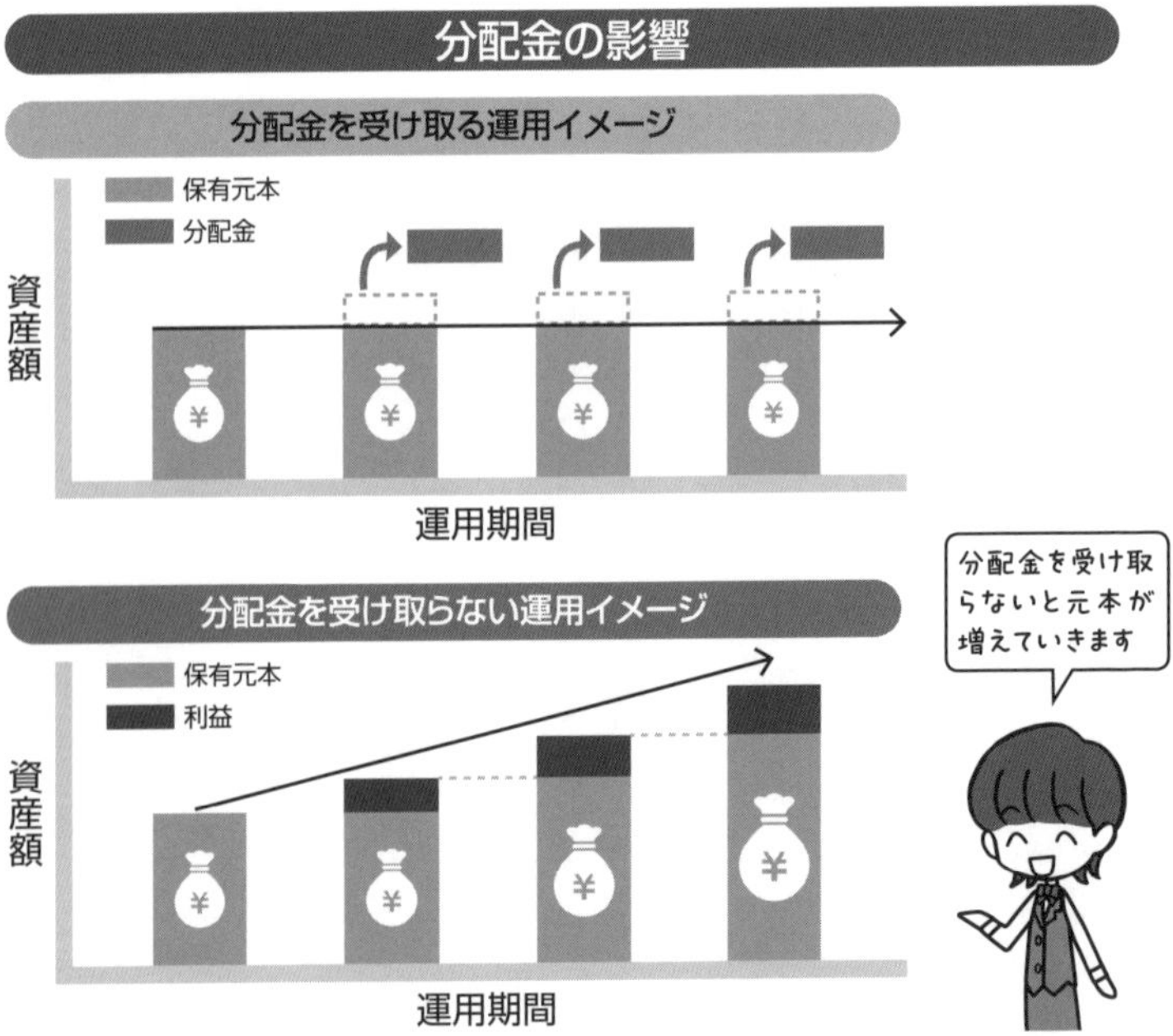

出典：金融庁ウェブサイト　「Lesson6　分配金の影響について学ぼう!」一部抜粋
https://www.fsa.go.jp/policy/nisa2/about/tsumitate/guide/index.html

LESSON 27 NISA

リスクってホントに怖いの?

投資信託の説明を読んでいくと、リスクについて必ず触れられていますよね。なんとなく怖いと思ってしまいますか?

「リスクがある」というのは、損することを指しているのではなく、「値動きのブレ幅」を指しています。リスクが大きいということは、そのブレ幅が大きいということなので、プラスに振れることもマイナスに振れることもあって、その金額が大きく動くことをいいます。

多くの人は、リターンはたくさん欲しいけれど、リスクは避けたいなぁって思いますよね。でも、リターンとリスクは比例し、「ハイリスク・ハイリターン」「ローリスク・ローリターン」といわれることを覚えておいてください。リターンを高めようと思うと、リスクも高まり、リスクを低く抑えようとするとリターンは低下してしまいます。逆に、「リスクがなく(低く)、リターンが高い＝ローリスク・ハイリターン」の金融商品を勧められたりしたら、それはおかしいぞ？と疑問を持つくらいが重要です。金融の世界で、そう美味しい話はないのです。

リスクとリターンのイメージを次のように図にしました。図の中の項目を順に見ていきましょう。

❶預貯金は元本が保証されていますが、リターンはわずかです。

❷債券は、発行する国や企業が破綻せず満期や利率の約束を守ってくれるかどうかという信用力によって、リスクの大きさやリターンも変わってきます。外国債券は、日

リスクとリターンの関係

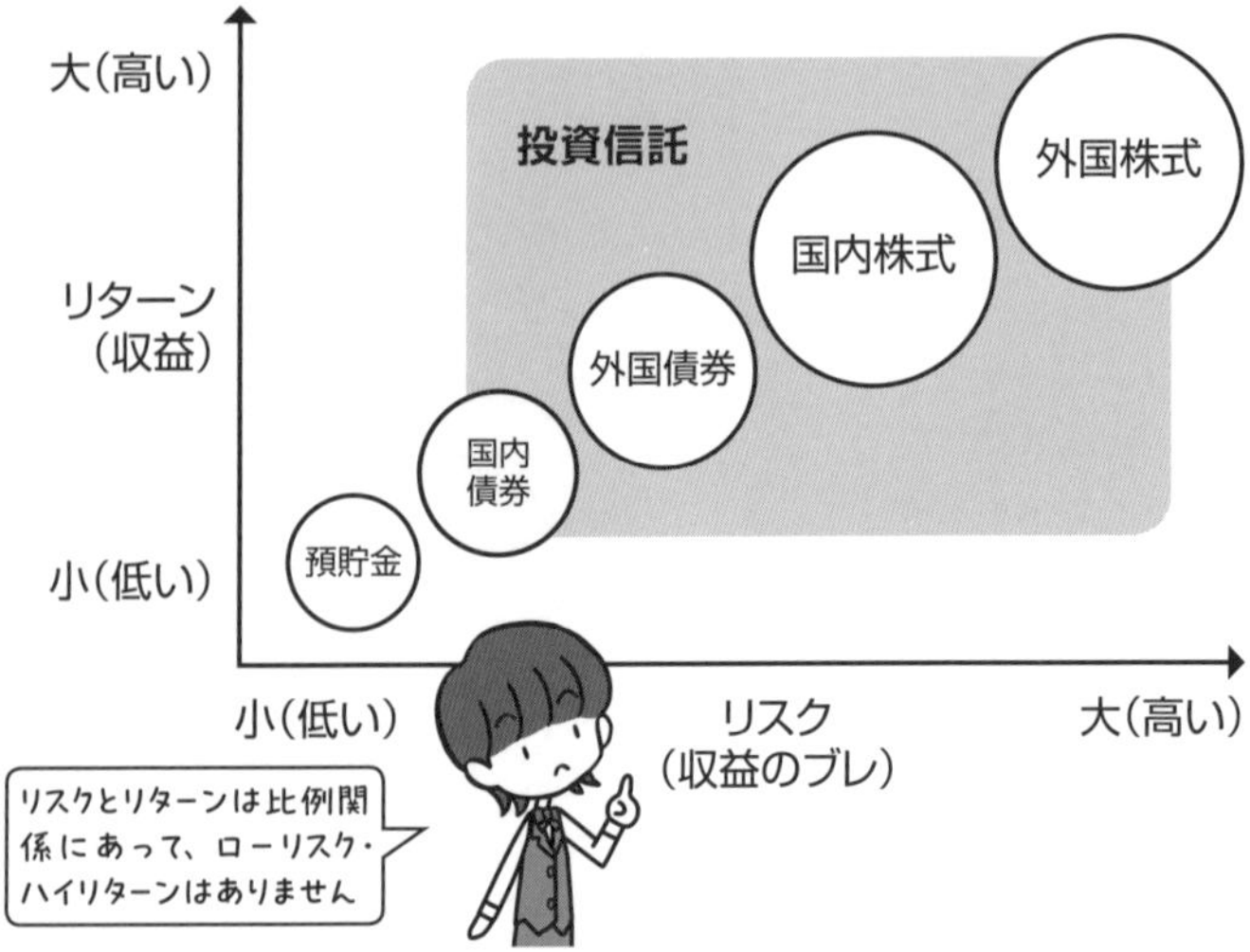

※一般的なイメージで、すべての金融商品が当てはまるわけではありません。

本円に換金する際に、異なる通貨の交換レートである為替相場の影響を受けるので、さらにリスクが高くなりますが、その分リターンも見込めたりします。

❸株式は一般的に債券より、リスクもリターンも高めになり、外国株式はその国の経済状況や為替の影響なども受けるので、ハイリスク・ハイリターンといわれます。

❹投資信託は、債券から株式などを組み合わせているので、その投資内容によってリスクやリターンはさまざまですが、1つの種類のみで運用するより、リスクもリターンも分散できるという特徴があります。

このように、それぞれ運用内容によって詳細は異なりますが、リスクとリターンは比例関係にあります。その度合いがどのくらい強いかは、政治や国際情勢、天候や災害などの環境、為替や金利動向、インフレやデフレなどの景気などによって変わってきます。

いろいろ原因があるなぁと思われるかもしれませんが、これは地球上でいろいろなことが起こり、私たちも日々動いている社会の中で生活しているからです。将来に向けて価値がまったく固定されていることのほうが不自然ではないでしょうか?

リスクは、一般的に使われている意味の「危険」という意味ではありません。毎日、気温が上がったり下がったりするのと同様に、リターンも増えたり減ったりして、予測できないことを表しているだけです。そう思うとリスクは怖いものではなく、日常の変化の延長に見えるのではないでしょうか？

そのリスクと上手に付き合っていく方法は次でご紹介しますね。

投資のリスクとは、「危険」という意味ではなく、値動きの「ブレ幅」を指しています

LESSON 28 NISA

自分のリスク許容度を知ろう

リスクと上手に付き合っていくということは、予測できないことへの対応力が身に付くので、自分に対する自信にもつながります。ここでは、まず自分がリスクに対して、どの程度受け入れることができるか、リスク許容度(リスク耐性度)を見てみましょう。

リスク許容度の5つの質問

Q1:年齢が若いほうですか?(この先、運用できる期間が20年以上ありますか?)
Q2:今後自分や家族で予定しているイベントはあまりないですか?(必要な支出は少ないですか?)
Q3:自分の収入や持っている金融資産は余裕があるほうだと思いますか?
Q4:今まで投資の経験がありますか?
Q5:チャレンジ志向ですか?(それとも安定志向で慎重なほうですか?)

これにＹＥＳが多い人ほど、一般的に「リスク許容度は高い」といえます。

もし、自分はリスクをそんなに取れないかもと思われた人でも、実は対処法があります。それを次で整理していきましょう。

リスク許容度チェック

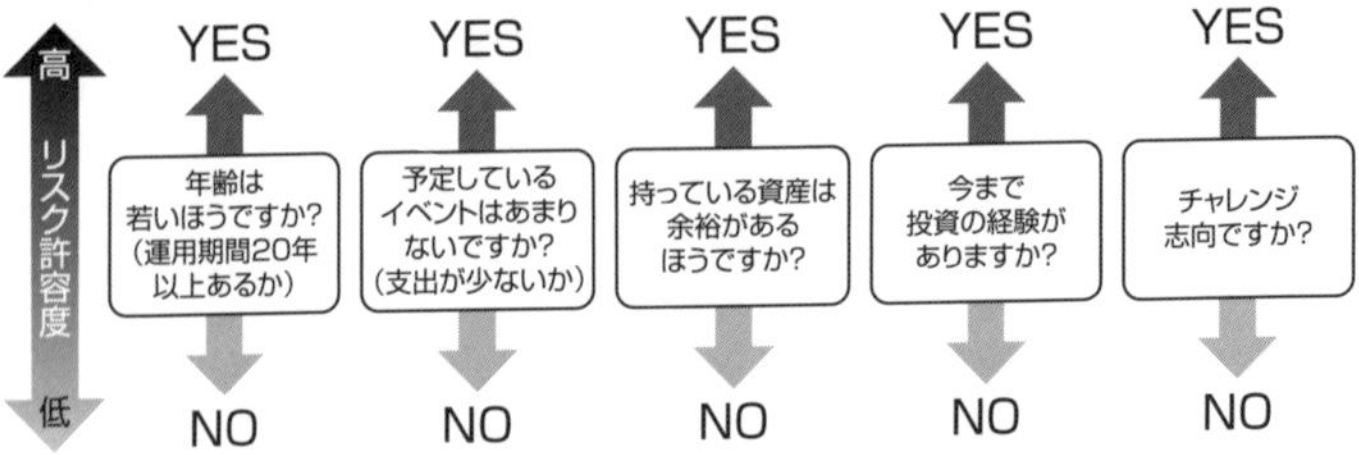
高
リスク許容度
低
YES
年齢は若いほうですか?（運用期間20年以上あるか）
NO
YES
予定しているイベントはあまりないですか?（支出が少ないか）
NO
YES
持っている資産は余裕があるほうですか?
NO
YES
今まで投資の経験がありますか?
NO
YES
チャレンジ志向ですか?
NO

「リスク許容度」が高い場合には、ある程度リスクを取って積極的な運用（株式など）を検討することもできますが、「リスク許容度」が低い場合にはリスクを抑えた安定的な運用（預貯金や安全性の高い投資信託など）を行うのが基本となります。

YESの数が多い人ほど、一般的に「リスク許容度は高い」です

出所・財務省　リスク許容度を考えよう
https://lfb.mof.go.jp/chugoku/kinyusyouken/kin3/risukukyoyoudo.html

LESSON 29 NISA

リスクに対する不安も長期投資で乗り越えられる

ＮＩＳＡはリスクを軽減できる仕組みが盛り込まれた制度ということは前にも触れましたね。今回、自分のリスク許容度がそんなに高くないと思われた人でも、リスクを抑えてＮＩＳＡを活用してマイペースで投資に取り組む術があります。

それは、ズバリ、「①時間を味方につける方法」と「②無理のない少額ではじめる方法」です。

よくある落とし穴が、「しっかりお金の勉強をしてからはじめよう」とか「お金が充分に貯まってからはじめよう」と着手を先延ばししてしまい、時間を味方につけられないことです。

①時間を味方につけると、元本の差以上の成果を出しやすくなる

たとえば、毎月1万円ずつ積立をして、年利3％で運用した際のグラフがあります

が、20歳で投資をスタートするのと、40歳になってから投資をスタートするのとでは、60歳時点でどのくらいの違いがあると思いますか？　元本は単純に2倍の差ですが、投資の成果は軽く2倍を超え3倍に迫る差になることもあるのです。

②無理のない少額でも早めにはじめれば、投資の成果は大きい

仮に20歳から月5000円でもいいので、積立で投資をはじめた例と、仮にその10年後に毎月2倍の1万円ずつ積立をし、

毎月1万円ずつ積立をし、年利3%で運用する場合の違い

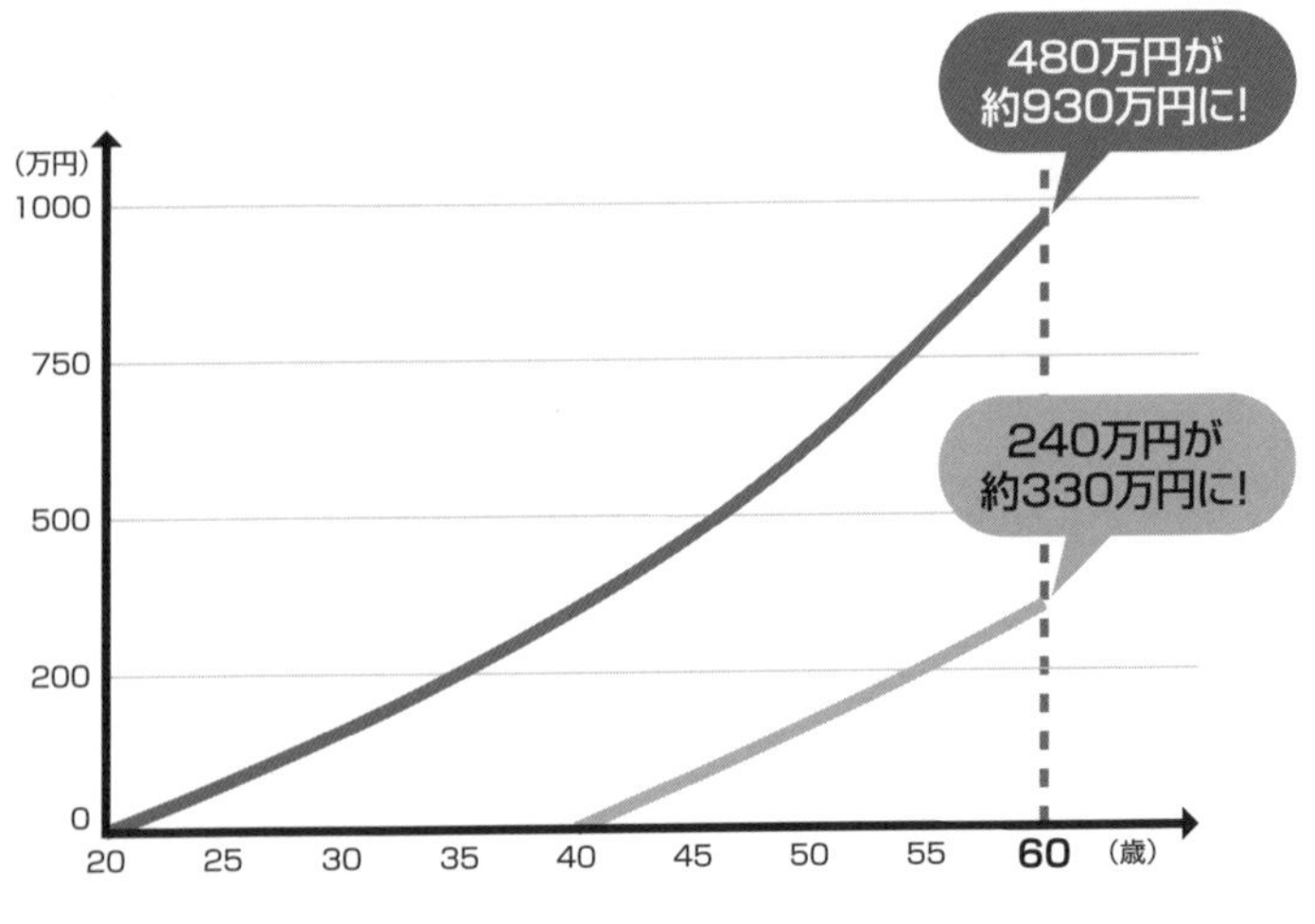

※グラフはあくまでシミュレーションであり、将来の投資成果を約束するものではありません
出所：金融庁　NISA早わかりガイドブック
https://www.fsa.go.jp/policy/nisa2/about/nisa2024/guidebook_202307.pdf

元本が同額になるまで運用した例を比べたらどうでしょうか？

　これも、年利3％相当で計算した結果、元本が同じにもかかわらず、早めにスタートしたほうが、投資の成果は大きくなっているのがわかりますよね。

　もう1つ、5年以上運用を続けていると、元本割れをする可能性が減っていくというデータもあります。次ページのグラフは、過去の1989年以降バブル崩壊を経ながら積立投資をしていき、5年間と20年間保有した場合に年間の収益率がどうなったかを検証したものです。バブル崩壊という大きな株価の下落状況があっても、毎月積立を5年以上続けたケースなら、元本割れが

20歳から月5000円 VS 30歳から月1万円の比較

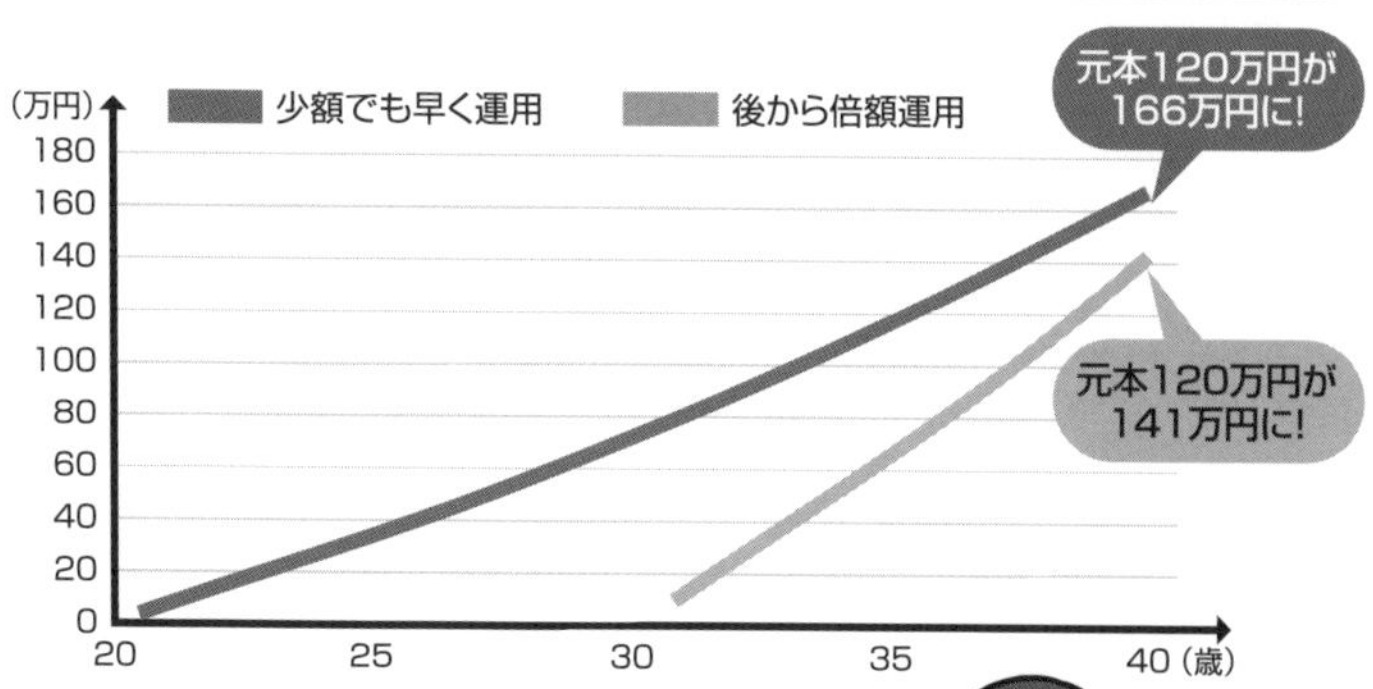

出なかったという驚きのデータです。
このように早くスタートすることは、たとえ少額だったとしても、長期投資によって複利で増える効果を得やすく、かつマイナスの影響も排除しやすくなるといえます。

長期で、不安を乗り越えていく術を身に付ける方法はあります。これらを知って実践することで、自分の人生を明るく捉えていくことができるようになるのではないでしょうか？

長期投資の運用成果

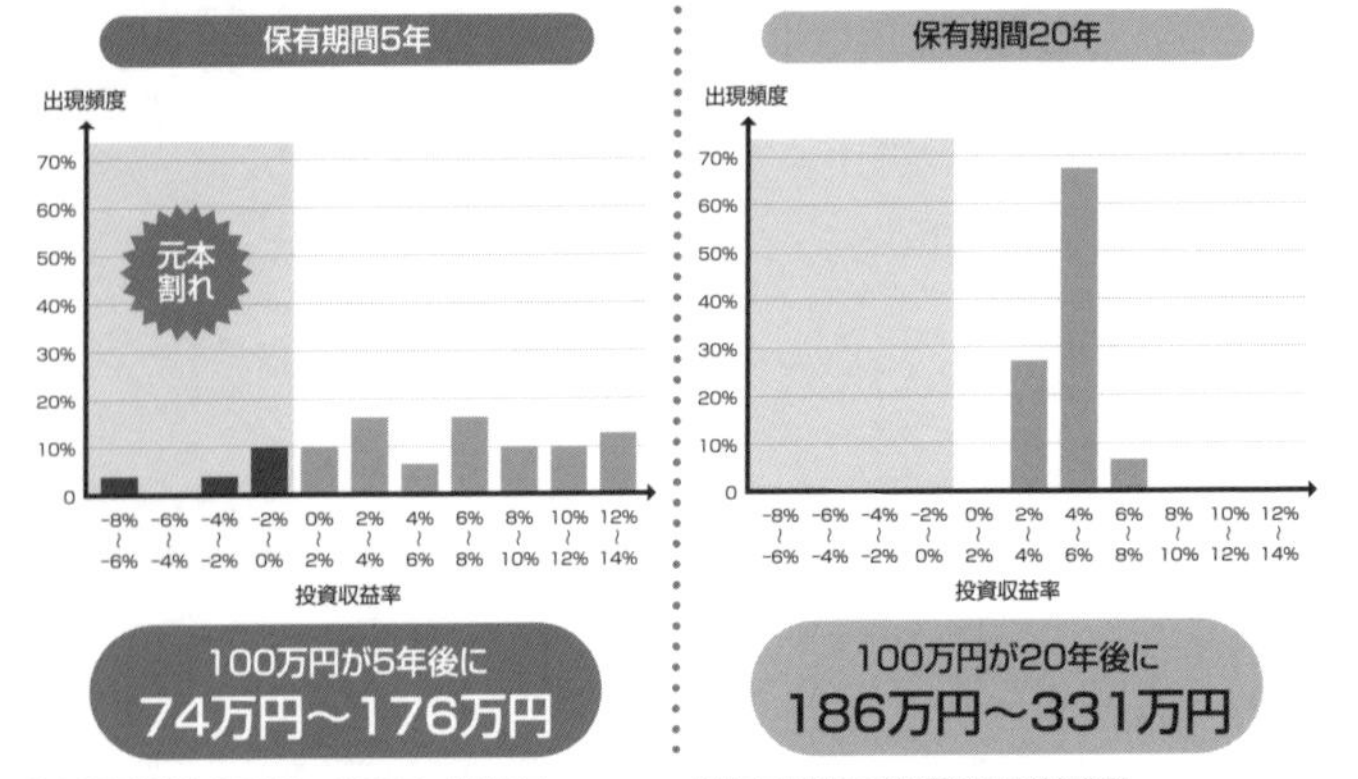

※積立投資期間は各年1月〜 12月の一年間です。
※年間収益率：資産運用で得られた一年当たりの利益率

※日本株式：TOPIX配当込み株価指数
日本債券：BPI総合インデックス
海外株式：MSCIコクサイインデックス（円換算ベース）
海外債券：FTSE世界国債インデックス（除く日本、円ベース）

出所：金融庁　NISA早わかりガイドブック
https://www.fsa.go.jp/policy/nisa2/about/nisa2024/guidebook_202307.pdf

LESSON 30 NISA

積立は経済的にも精神的にも大効果

前の項目で説明した「①時間を味方につける方法」と「②無理のない少額ではじめる方法」について、簡単にシステム的に実践できる方法は、自動積立です。

私自身も、社会人になったときから自動積立をしてきましたが、値動きがあるものほど、この自動積立は威力を発揮すると思います。

特に、毎回の積立で購入する金額の設定の仕方で、「購入金額を一定に」すると、購入内容を次のようにすることができます。

- **価格が上がったときには購入量(口数)を少なくする**
- **価格が下がったときには購入量(口数)を多くする**

購入金額を一定にすると、結果として平均的に安く買付をしていくことができます。

これは「ドルコスト平均法」といわれます。

そもそも、「ドルコスト平均法」ってどこから来たかというと、元々は外貨投資で米ドルを買う際に、毎月のコスト、つまり購入時の日本円の金額を一定にする投資方法だったそうです。それが広く投資で使われるようになり、外貨の購入だけでなく、株式や投資信託などでも活用できるようになりました。

この「ドルコスト平均法」だと、まず気持ちの上で、価格が上がったら「今まで投資してきた分の価値が高まっているな」と思え、価格が下がったら「割安になったからより多く購入できるぞ」と思って、心理的にも安定して過ごすことができるのを私自身も実感しています。

では、実際にそれを数字で検証してみましょう。毎月積立をする際に、価格が上下に変動する投資信託を毎月「一定額」ずつ買い続ける例を見てみましょう。

次ページの図のように、仮に4万円分の投資をした際に、買ったときと同じ価格に戻った場合、投資成果はプラスマイナスゼロになりますが、それに対して、4万円を毎月1万円ずつ定額積立をしていったとします。途中で価格が上がったときは、1万円で買える範囲として、少ない口数を購入し、価格が下がったときは、多めに購入することができるのがわかりますでしょうか？

　それによって、４カ月経過後の平均購入単価が下がっている、つまり、安く購入できているという状態になります。

　このように続けていくと、価格が上がったときの利益が出やすくなるといえるでしょう。

　いかがでしょうか？

毎月一定金額ずつ買い続ける方法は、長く続けれ

合計4万円分の投資信託を購入する場合の違い

	1カ月目	2カ月目	3カ月目	4カ月目		
投資信託の基準価格の推移（1万口あたり）	1万円	2万円	5千円	1万円		
最初に 4万円分 購入した場合	4万円				購入総額 4万円	平均購入単価（1万口あたり） 1万円
	4万口				購入口数 4万口	
毎月 1万円ずつ 購入した場合	1万円	1万円	1万円	1万円	購入総額 4万円	平均購入単価（1万口あたり） 約9千円
	1万口	**5千口**	**2万口**	1万口	購入口数 **4.5万口**	

基準価格が**高いときは少なく購入**（2カ月目）

基準価格が**低いときは多く購入**（3カ月目）

「一定金額」で「定期的に」購入する方法を「ドル・コスト平均法」といいます。価格が高いときには少なく、価格が低いときには多く購入できるので、購入単価が平準化されます。

出所：金融庁　NISA早わかりガイドブック
https://www.fsa.go.jp/policy/nisa2/about/nisa2024/guidebook_202307.pdf

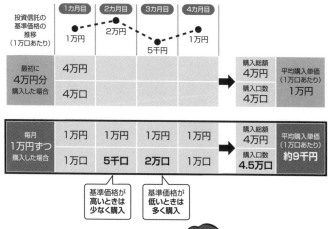

ば続けるほど、平均購入単価を押し下げる効果が出やすいといえます。しかも、価格が上がっている時期や下がっている時期など気にせずに、いつでもスタートでき、少額でできるのも、メリットです。

このロジックを知っていると、途中の値動きに一喜一憂する必要がなく、精神的にも安定して投資を続けられるのではないでしょうか？

毎月定額ずつ買うことは、
値動きを気にせずできて、
利益も出しやすくなるんです

LESSON 31 NISA

初心者は「つみたて投資枠」からはじめるのがベター

こうしてみると、投資の経験が浅い人や投資初心者の人は、リスクを気にせずに、自然体で投資を続けるために、自動積立で投資をするのがよさそうということがわかっていただけるかと思います。

NISAはリスクを下げて長期分散投資をするのにちょうどいい制度ですし、この章の最初に立ち返ると、目的からみても「つみたて投資枠」の利用から考えるのが無理のないスタートといえるでしょう。

「つみたて投資枠」で取り扱う商品は、「長期の積立・分散投資に適した一定の投資信託」で、金融庁の基準を満たした投資信託に限定されています。

投資の三原則といわれている「長期投資」「積立投資」「分

投資の三原則

散投資」にもちょうどいい商品群といえますので、そこからの絞り込み方をチェックしてみましょう。

証券会社のＷｅｂサイトで、「つみたて投資枠対象銘柄」を見てみると、その金融機関の品揃えとして扱っている商品の一覧が出てきます。

販売金額ランキングなどの一覧が出てくることも多いですが、みんなが選んでいるからという理由のみでなく、まずは、自分の目的に合わせて絞り込んでみましょう。その際、次の前提で、あなたの投資したい方針に合わせてチェックしてみましょう。

まず、より長期・分散・積立投資の効果を出すための前提として次の5つは忘れないでおきましょう。

◉前提① 投資の対象範囲は、世界（米国含む）を対象に

日本株だけにしてしまうと偏ってしまうことがあります。米国を含む世界中のお金の動きを広く分散投資でとらえるために、対象は世界、そして牽引力が強い米国は外さないようにしておきましょう。

◉前提② 分配金は再投資型を(複利運用の効果を出すため)

分配金が出るタイプもありますが、若いうちは、できるだけ受け取らずに次への運用原資にして複利の効果を高めるほうが、最終的に大きな資産形成力になります。よって、分配金はないものか、再投資型を選んだほうがいいでしょう。

◉前提③ 純資産残高は100億円以上のものを(規模的に運用が安定するように)

投資信託として安定した運用をするためには一定の規模が必要です。純資産残高は最低でも100億円以上あったほうが、ファンドマネージャー側からみても運用しやすいといわれますし、100億円を切って減少してしまうと、ファンドとして安定して運用することに支障が出てしまうこともあります。

◉前提④ 過去3年以上の運用実績があり、リターンを確認できる

過去3年以上の運用実績をリターン(利回り)で確認し、同じ種類の他の投資信託よりも利率が低く、成果が出ていない場合は、避けたほうがいいでしょう。

◉前提⑤　信託報酬などの運用コストはリーズナブルなものを

ファンドマネージャーや運用チームに対する信託報酬は、投資信託の種類や運用スタイルによって変わってきます。

あなたがイメージする投資の方針に合わせて、投資信託の種類や信託報酬などのコストの目安を知りたい場合は、下の図表を参考にして絞り込むといいでしょう。

投資信託の種類や信託報酬などのコストの目安

あなたが投資する際の方針は?	平均的でいいから、コストを抑えたい	ファンドマネージャーを信頼して運用したい	バランス重視で、配分変更も任せたい
投資信託の種類	インデックス型	アクティブ型	バランス型
投資信託(ファンド)のイメージ	S&P500連動型・全世界株式(オールカントリー)など	世界業種別株式投資信託(半導体など)	4資産均等型、8資産均等型投資信託など
信託報酬	年0.1%以内を目安に	年1.6%以内を目安に	年1.2%以内を目安に
どんな人向き?	コストを抑えてシンプルに効率よくやりたい人	定期的にチェックして入れ替えなどメンテナンスできる人	途中の入替えなども、運用の専門家に任せしたい人

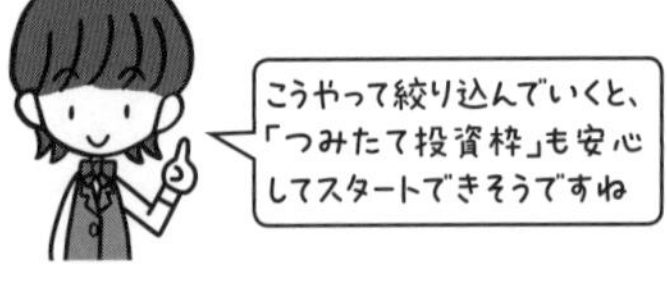
こうやって絞り込んでいくと、「つみたて投資枠」も安心してスタートできそうですね

第5章

どんなタイミングで投資するの?

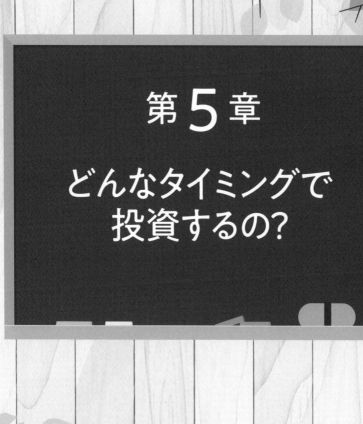

LESSON 32

NISA

何歳からでもはじめて遅いことはない

第4章では、あなたのリスク許容度を確認して、投資信託の選び方についてお伝えしました。中には、「なーんだ、それならもっと前からはじめればよかった」と思う人もいるのではないでしょうか？

投資に興味を持って、情報をキャッチしはじめると、「あのときにやっておけばよかった」とか、「一番安いときに買って一番値上がりしたときに売ったら、これだけ増えていたのに」などと皮算用をする人も出てきたりします。

でも、過去には戻れませんし、投資をしている真っ最中に「今が底だ」とか「今が一番高い時だ」などと判断できる人は誰もいません。投資の格言でも「頭と尻尾は、くれてやれ」という言葉があり、一番底（尻尾）や一番天井（頭）を狙うのはやめようという戒めもあるくらいです。

投資に関しては、リスクを回避する方法として、毎回定額ずつの積立が効果的という話をしましたので、そのルールを頭に入れて取り組むなら、今からでもまったく遅くありません。何歳からはじめても遅すぎるということがないのです。

また、せっかくはじめても、「続けられないかもしれない」と思って、不安になる人もいるでしょう。確かに、これからの人生、転職、独立、旅行、結婚、出産、住宅購入など、たくさんのライフイベントが考えられますよね。

でも、もし、「続けられないかも」と思ったら、途中でやめてもよし、金額を減らしてもよし、まったく自由です。それが新NISA制度の醍醐味でもあります。

ライフイベントの例

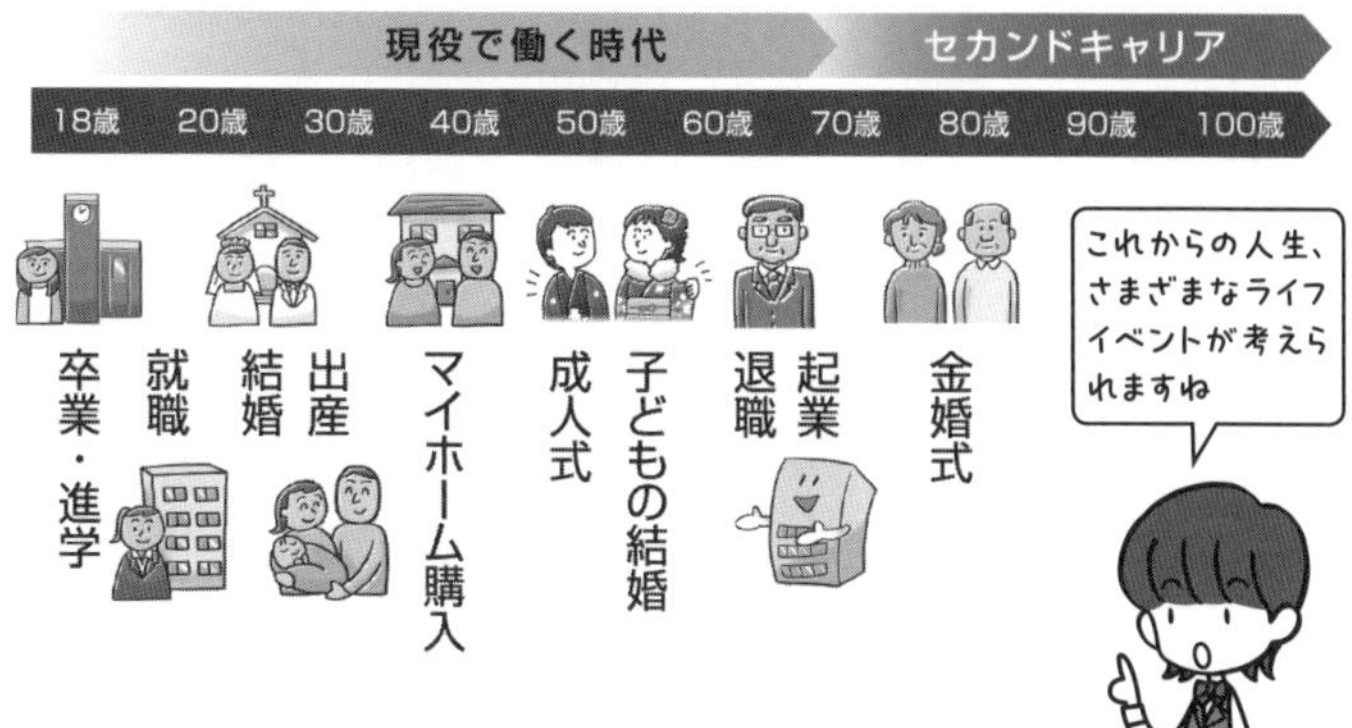

たとえば、積立を継続するのが厳しくなったら、積立を止めてその時点の残高の運用だけを継続することもできます。また、必要に応じて、いつでも保有している投資信託などを売却して換金することもできます。なので、あまり深く考えすぎずに、まずは、スタートしてみることをオススメします。

何歳からでもはじめていい・途中の変更も自由

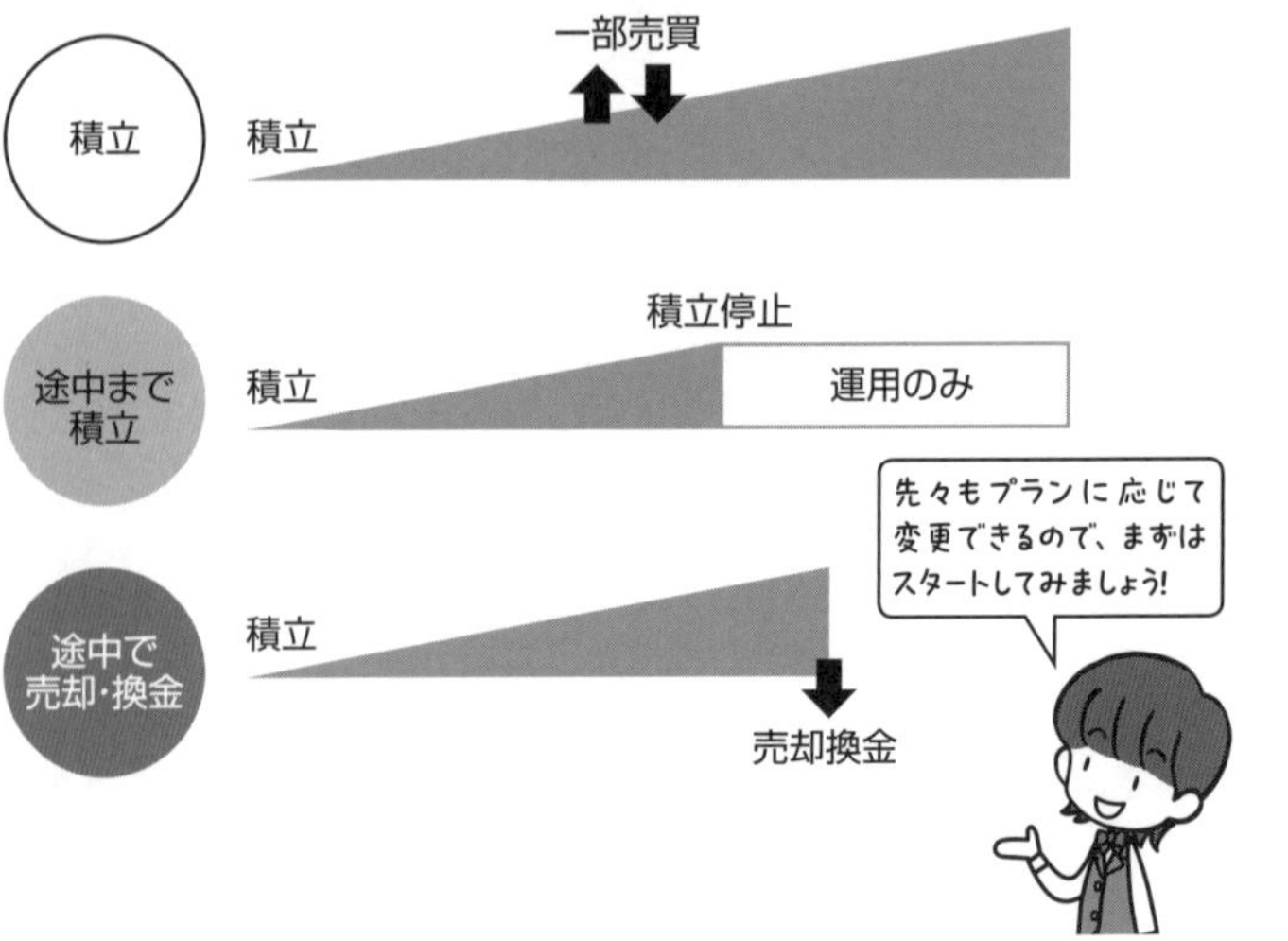

LESSON 33
NISA

18歳から長期間運用できるメリットは大きい

さて、18歳から毎月3万円ずつ積立をはじめたとします。平均的な運用として年率4％で運用したとしたら、10年後の28歳時と、20年後の38歳時でどのくらいの違いが出ると思いますか？

下の表にもまとめていますが、10年後の28歳時の運用残高は約442万円、そして20年後の38歳時の運用残高は約1100万円になる計算です。38歳時点では、28歳時と比べて、元本は2倍ですが、運用残高は2倍以上になってきます。いかがでしょうか？　単純に2倍と思う

18歳から月3万円ずつ「つみたて投資枠」をはじめたら？

		18歳	28歳	38歳	48歳
年数		スタート	10年後	20年後	30年後
積立元本	(A)		360万円	720万円	1080万円
運用残高	(B)		約442万円	1100万円	2082万円
元本の何倍?	(B)/(A)		約1.2倍	約1.5倍	約1.9倍
運用収益	(B)−(A)		約82万円	約380万円	約1002万円

同じ額ずつ積立するだけで、
年数が増えると増え方も
ペースが上がっていきます

※税金・手数料は考慮せず。（年利率4％で試算）
出典：金融庁ウェブサイト「資産運用シミュレーション」
https://www.fsa.go.jp/policy/nisa2/moneyplan_sim/index.html

なかれです。

また、さらに30年後の48歳時には、運用残高は２０８２万円と２０００万円の大台に乗ってきます。これは、10年後の28歳時の運用残高に対してなんと４・７倍に相当します。積立元本１０８０万円に対しても１・９倍と2倍に迫るくらいになっていますよね。

運用成果も長期間積立をしていくと、期間の単純な2倍3倍を超えて、残高が増えていくのがわかりますでしょうか？

18歳からスタートできたら、10年後の28歳のやりたいこと、20年後の38歳時点の夢、さらには30年後の48歳時点で取り組みたいことも、こうやって資金準備していくと余裕が生まれますよね？

まさに、これが時間を味方につける成果ですし、複利で増えていく数字です。この詳細は次ページ以降で計算などロジックも見ていきましょう。

LESSON 34
NISA

複利の計算結果を試算してみよう

前ページで紹介したような運用成果の数字は、いくらずつでも、何年間の運用でも、一瞬にして計算して、数字とグラフで見られる金融庁の「つみたてシミュレーター」というWebサイトがあります。そこでは、毎月の積立金額、想定利回り（年率）、積立期間を入力すると、その場で概算額をグラフと数字で表示してくれます。

シミュレーションなので、手数料、税金等は考慮されず、実際値とは異なる場合がありますが、非課税制度のNISAのイメージをつかむのに便利なツールではないでしょうか？

つみたてシミュレーター

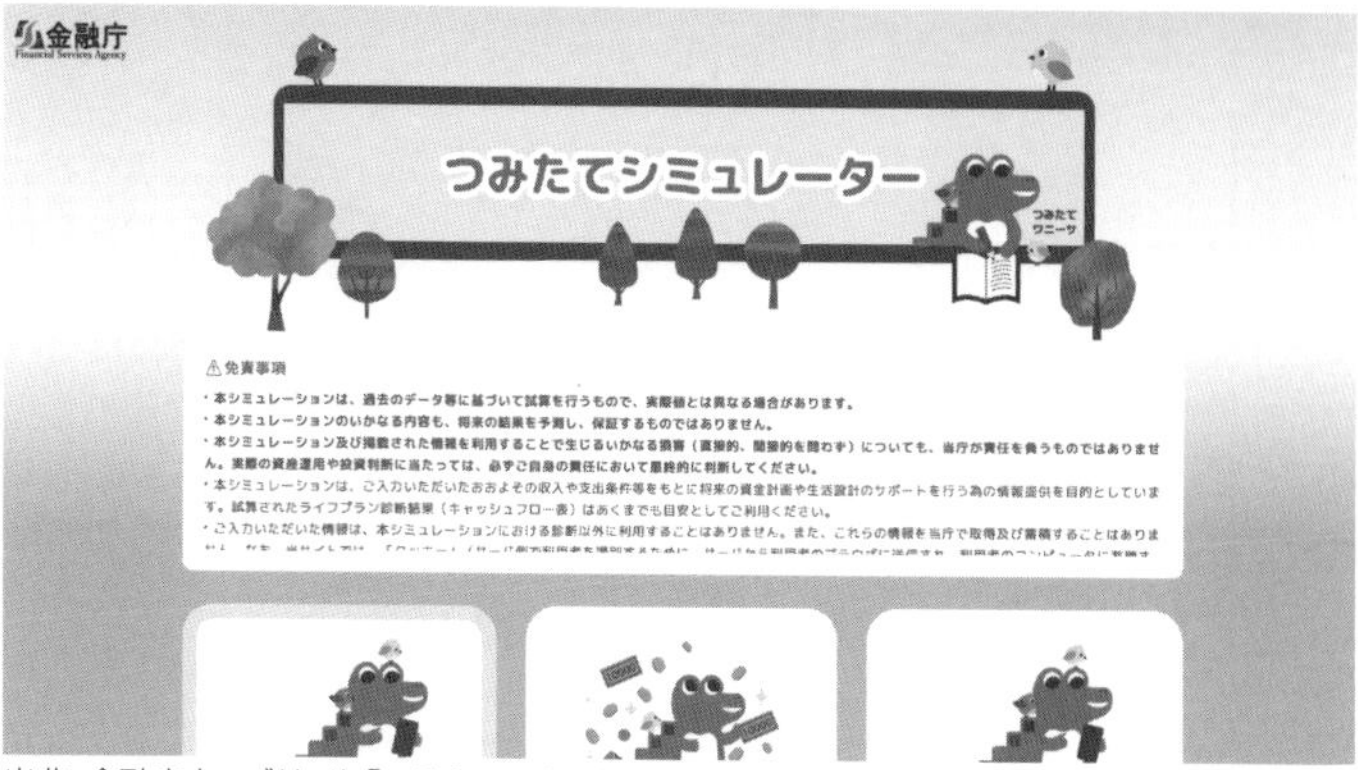

出典：金融庁ウェブサイト「つみたてシミュレーター」
https://www.fsa.go.jp/policy/nisa2/tsumitate-simulator/

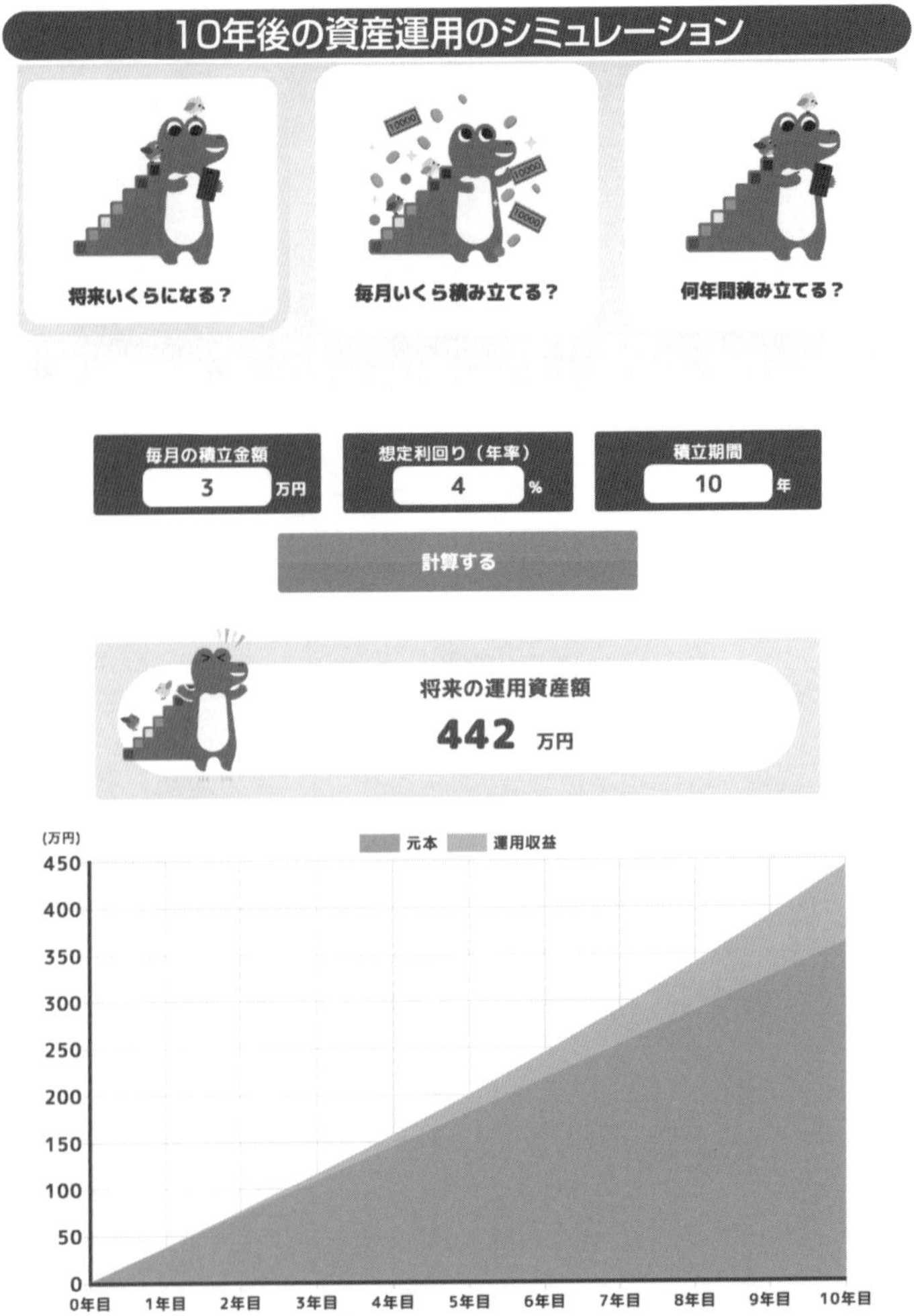

(注)本シミュレーションは、過去のデータ等に基づいて試算を行うもので、実際値とは異なる場合があります。
(注)本シミュレーションのいかなる内容も、将来の結果を予測し、保証するものではありません。

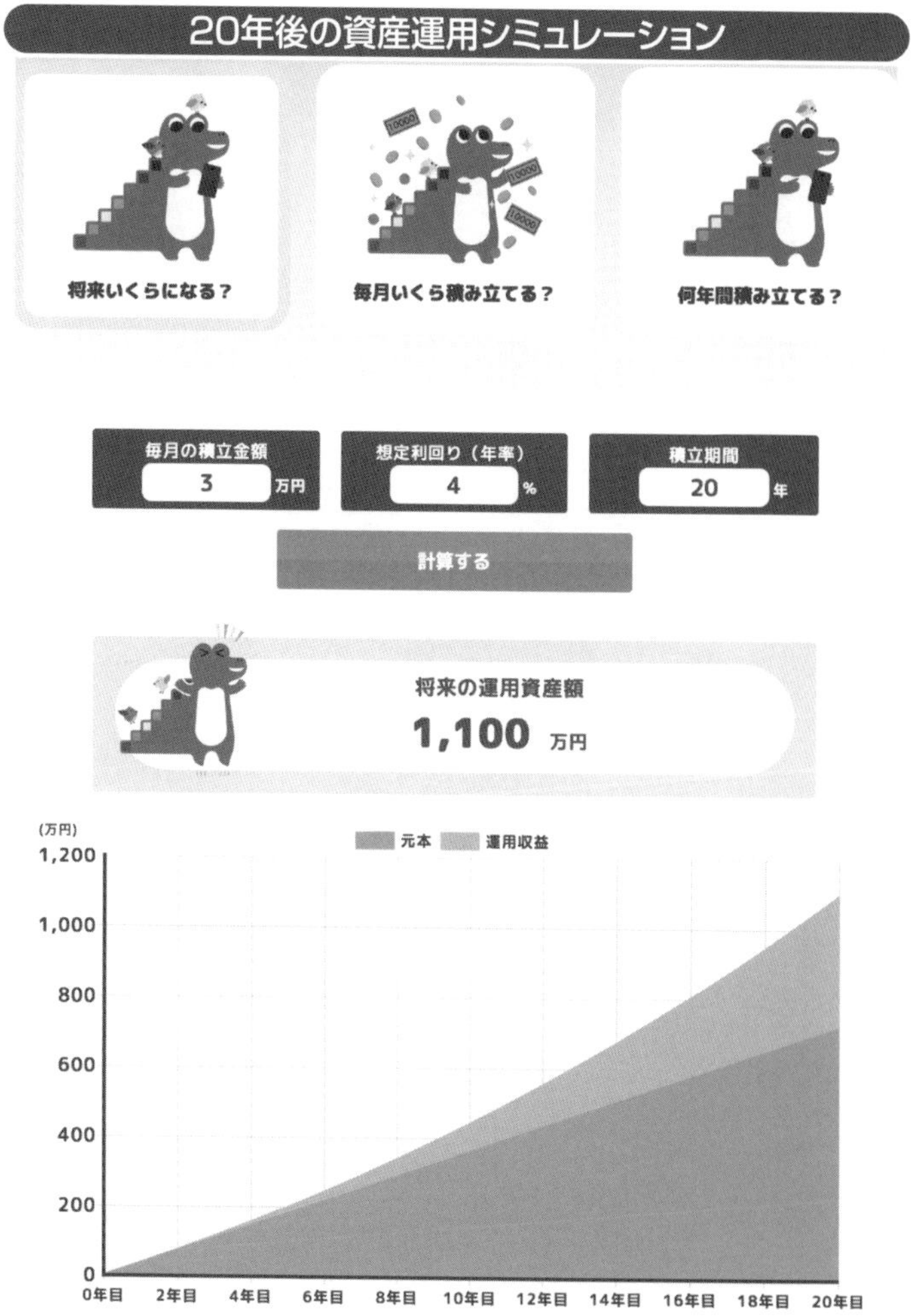

20年後の資産運用シミュレーション
将来いくらになる？
毎月いくら積み立てる？
何年間積み立てる？
毎月の積立金額
3 万円
想定利回り（年率）
4 %
積立期間
20 年
計算する
将来の運用資産額
1,100 万円
(万円)
元本
運用収益
1,200
1,000
800
600
400
200
0
0年目
2年目
4年目
6年目
8年目
10年目
12年目
14年目
16年目
18年目
20年目

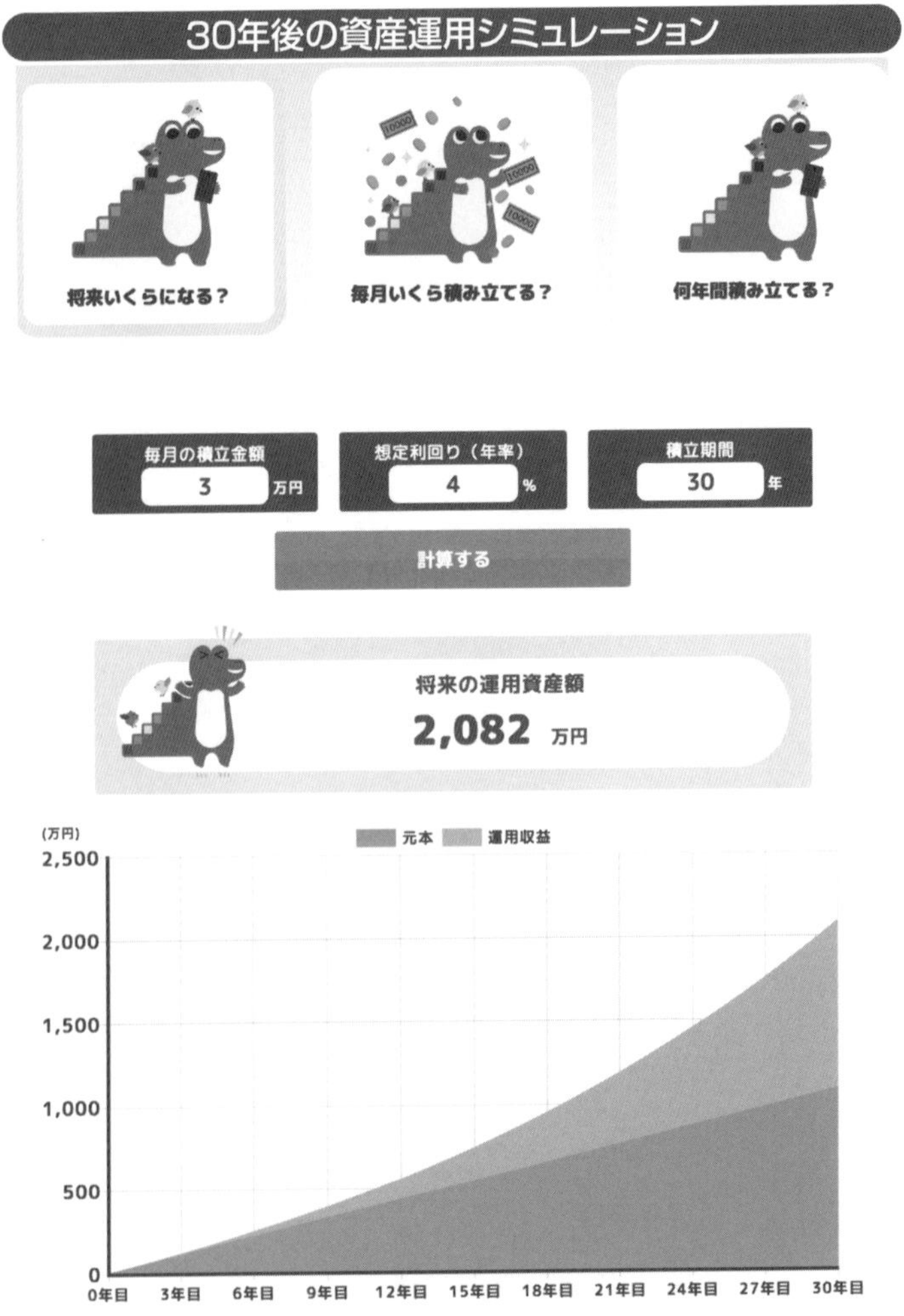
30年後の資産運用シミュレーション
将来いくらになる？
毎月いくら積み立てる？
何年間積み立てる？
毎月の積立金額
3 万円
想定利回り（年率）
4 %
積立期間
30 年
計算する
将来の運用資産額
2,082 万円
(万円)
元本
運用収益
2,500
2,000
1,500
1,000
500
0
0年目
3年目
6年目
9年目
12年目
15年目
18年目
21年目
24年目
27年目
30年目

グラフは、「つみたてシミュレーター」で、10年後、20年後、30年後の積立金額を計算した結果です。

グラフの運用収益の増え方を見てみると、年数が長くなるほど、増える割合が大きくなっているのがイメージでわかると思います。

これが、複利で運用する効果です。時間を味方につけて、複利で利息に利息がつく長期投資の成果といえます。早く着手して長期間運用できる期間を確保できる人だけが得られる効果です。18歳からはじめられるということは、これだけのアドバンテージを得られることになりますね。

金融庁のサイトで、簡単に試算することができます

LESSON 35 NISA

そもそも複利ってどうやって計算するの？

今まで「複利」という言葉が何回も出てきましたので、ここで利息に利息が付く「複利」はどのように計算するのか？　複利でない方法（＝単利）との違いを見てみましょう。

まず、元本100万円に対して、利息が年3％ずつ増えていく方法で、単利をみていきましょう。

元本は100万円で、毎年3％の3万円（＝100万円×3％）ずつ利息が増えていきます。利息は1年後に3万円、2年後に3万円×2＝6万円、3年後に3万円×3＝9万円、というふうに増えていき、10年後は3万円×10＝30万円になる予定です。単利では、利息が年数分、単純

元本は変わらず利息だけ蓄積されていく単利のイメージ

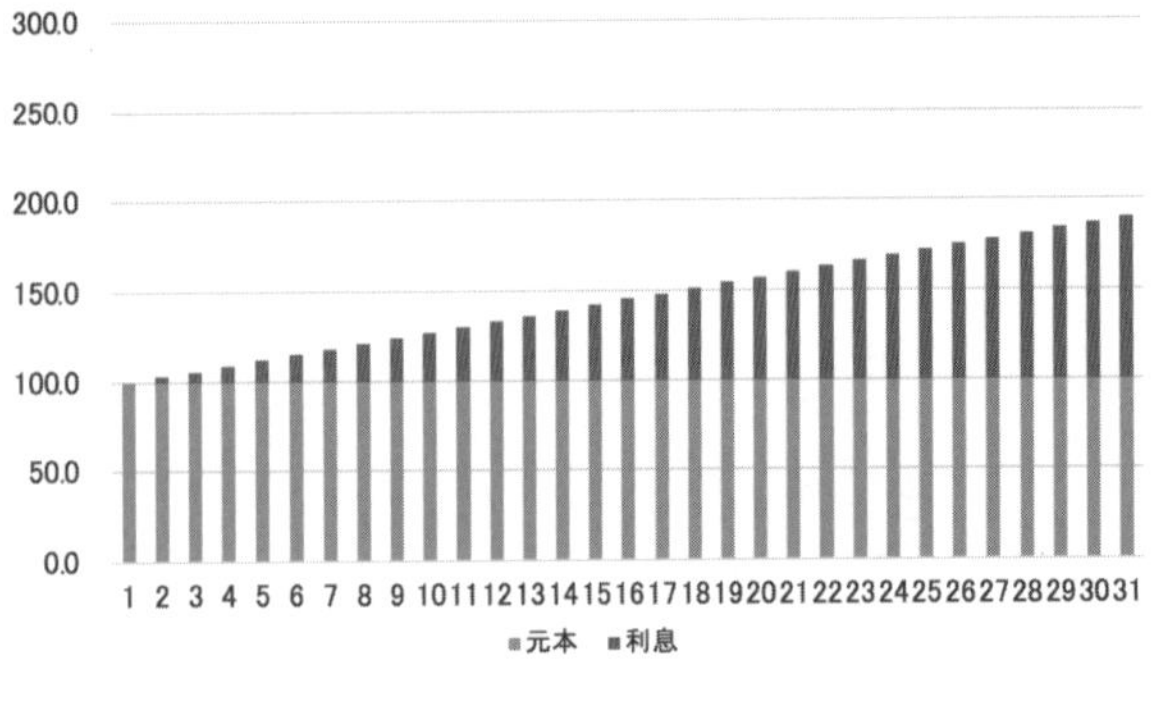

に倍数になって直線的に増えていきます。

よって、10年後の合計額は、元本100万円＋10年分の利息（3万円×10年）＝130万円と計算されます。その一覧が次の表です。

◉20年後も同様に、元本100万円＋20年分の利息（3万円×20年）＝160万円

◉30年後も同様に、元本100万円＋30年分の利息（3万円×30年）＝190万円

年利率3%の単利の場合

単利B	元本	利息	合計
今	100.0	0.0	100.0
1年後	100.0	3.0	103.0
2年後	100.0	6.0	106.0
3年後	100.0	9.0	109.0
4年後	100.0	12.0	112.0
5年後	100.0	15.0	115.0
6年後	100.0	18.0	118.0
7年後	100.0	21.0	121.0
8年後	100.0	24.0	124.0
9年後	100.0	27.0	127.0
10年後	100.0	30.0	130.0
11年後	100.0	33.0	133.0
12年後	100.0	36.0	136.0
13年後	100.0	39.0	139.0
17年後	100.0	51.0	151.0
18年後	100.0	54.0	154.0
19年後	100.0	57.0	157.0
20年後	100.0	60.0	160.0
21年後	100.0	63.0	163.0
22年後	100.0	66.0	166.0
23年後	100.0	69.0	169.0
27年後	100.0	81.0	181.0
28年後	100.0	84.0	184.0
29年後	100.0	87.0	187.0
30年後	100.0	90.0	190.0

※税金や手数料は考慮せず、元本と利息のイメージのみの試算。（単位：万円）

単利は、毎年の利息が積みあがっていく計算です

　では、複利の計算を見てみましょう。複利というのは、利息がついたら、それが次年度は元本の中に含まれて、その元本に利息が付くので、利息に利息がついて増え方がカーブを描いていきます。同じく、元本100万円を年3％で運用する場合の複利の増え方を計算式で表すと次のようになります。

◉1年目の利息は、3万円（100万円×3％）となり、合計が103万円です。これが2年目の元本になります。

◉2年目の利息は、103万円×3％＝3万900円となります。2年後の運用残高合計は106万900円です。これを繰り返しながら3年目、10年目、20年目と計算されます。

利息が元本に含まれていく複利のイメージ

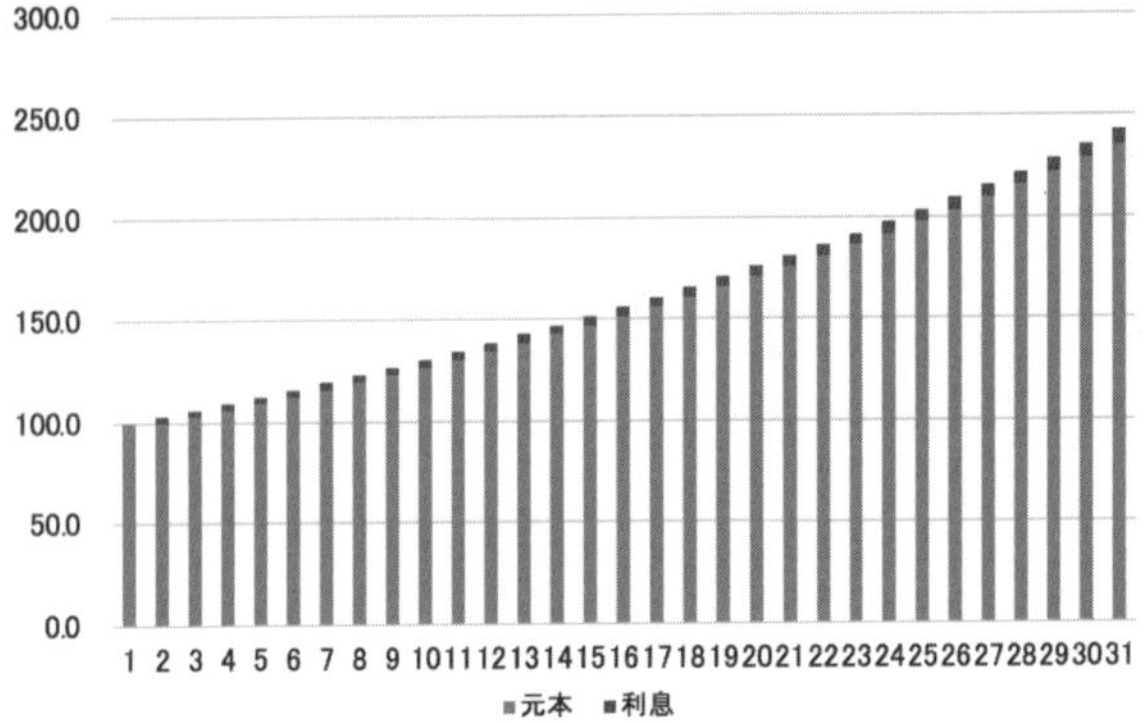

いかがでしょうか？　単利と複利、利息が元本に含まれて運用されるかどうかで、同じ年利３％でも、10年後は４万円強の差、20年後は20万円以上の差、30年後は52万円強の差にもなります。

思った以上の差になるのではないでしょうか？

年利率3%の複利の場合

複利A	元本	利息	合計
今	100.0	0.0	100.0
1年後	100.0	3.0	103.0
2年後	103.0	3.1	106.1
3年後	106.1	3.2	109.3
4年後	109.3	3.3	112.6
5年後	112.6	3.4	115.9
6年後	115.9	3.5	119.4
7年後	119.4	3.6	123.0
8年後	123.0	3.7	126.7
9年後	126.7	3.8	130.5
10年後	130.5	3.9	134.4
11年後	134.4	4.0	138.4
12年後	138.4	4.2	142.6
13年後	142.6	4.3	146.9
17年後	160.5	4.8	165.3
18年後	165.3	5.0	170.2
19年後	170.2	5.1	175.4
20年後	175.4	5.3	180.6
21年後	180.6	5.4	186.0
22年後	186.0	5.6	191.6
26年後	209.4	6.3	215.7
27年後	215.7	6.5	222.1
28年後	222.1	6.7	228.8
29年後	228.8	6.9	235.7
30年後	235.7	7.1	242.7

※税金や手数料は考慮せず、元本と利息のイメージのみの試算。（単位：万円）

複利は、利息が
元本に含まれて、
利息に利息がつ
く仕組みです

LESSON 36 NISA

複利で積立投資をする場合の増え方は？

複利で増えるロジックを前のページでお見せしましたが、毎月積立については、毎月の利息の計算タイミングが月初・月末など、金融機関によって異なり、かなり煩雑になっています。なので、結果を知りたい場合は、前述した金融庁の資産運用シミュレーションで概算を見ていただくのがよいと思います。

ただ、どのように計算されて増えていくのかを積立バージョンでも知りたい人には、前項目と同様に概算ですが、お見せしましょう。

仮に毎月2万円ずつ積立をしていくと、年間では24万円ずつ元本が増えていきますよね。複利で運用する場合は、利息が元本に含まれていきます。なので、前年度末までの運用残高（元本と利息合計）と、今年度に追加で積立られた額を合計して、その時期の運用利率で増えていく計算になります。

ＮＩＳＡは非課税制度なので、今回も税金や手数料を加味せずに、単純に積立していった場合を計算すると次のようになります。

積立で年利率3%で複利運用した場合

複利X	前年末の運用残高	当年の積立額	その年の利息	運用後残高
1年後	0.0	24.0	0.7	24.7
2年後	24.7	24.0	1.5	50.2
3年後	50.2	24.0	2.2	76.4
4年後	76.4	24.0	3.0	103.4
5年後	103.4	24.0	3.8	131.2
6年後	131.2	24.0	4.7	159.9
7年後	159.9	24.0	5.5	189.4
8年後	189.4	24.0	6.4	219.8
9年後	219.8	24.0	7.3	251.1
10年後	251.1	24.0	8.3	283.4
11年後	283.4	24.0	9.2	316.6
12年後	316.6	24.0	10.2	350.8
13年後	350.8	24.0	11.2	386.1
17年後	498.3	24.0	15.7	537.9
18年後	537.9	24.0	16.9	578.8
19年後	578.8	24.0	18.1	620.9
20年後	620.9	24.0	19.3	664.2
21年後	664.2	24.0	20.6	708.9
22年後	708.9	24.0	22.0	754.9
26年後	901.3	24.0	27.8	953.0
27年後	953.0	24.0	29.3	1006.3
28年後	1006.3	24.0	30.9	1061.3
29年後	1061.3	24.0	32.6	1117.8
30年後	1117.8	24.0	34.3	1176.1

※年間24万円ずつ積立した場合の概算。
※税金や手数料は考慮せず、元本と利息のイメージのみの試算。（単位：万円）

積立元本は年間24万円で30年間ですと７２０万円です。複利で３％運用ができると、30年後は１１７６万円になります。一度にまとまった金額でなく、毎月数万円などの積立でも、十分に増えてくのがわかりますね。ご参考までに、複利で積立運用をしていった場合と、単利で積立運用していった場合とで、同じ年利率３％だったとしても、グラフにするとこんなに変わります。複利で積立をしていく効果が歴然ですね。

積立投資（毎年複利）のイメージ

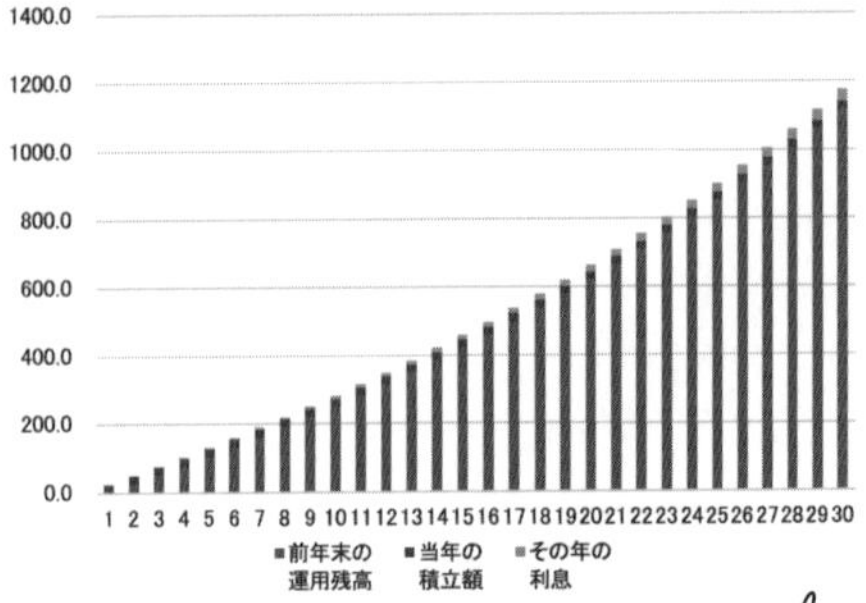

積立投資（単利）のイメージ

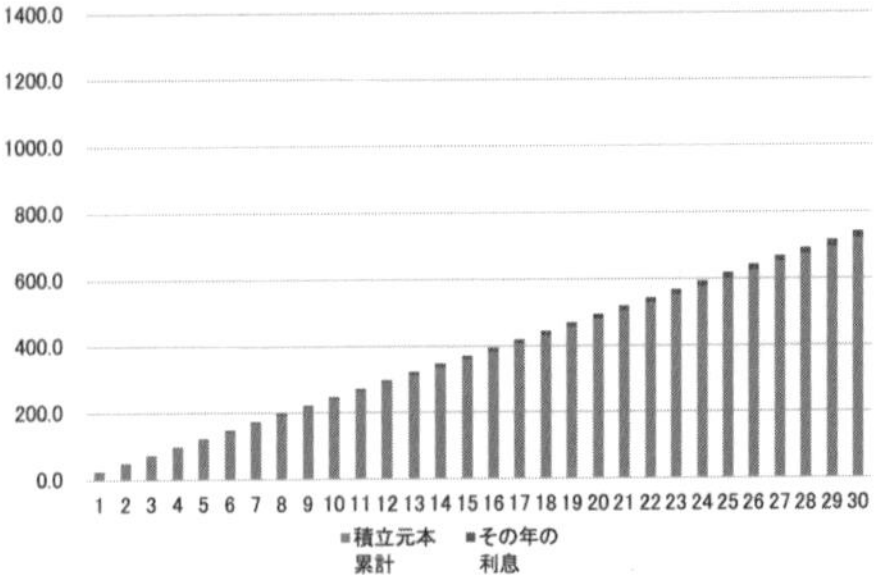

LESSON 37 NISA

積立投資をするなら、毎月何日に設定するのがいいの？

突然ですが、ここでクイズです。

「お給料日は、毎月何日が多いと思いますか？」

会社員の給料日として多いのは毎月25日、次に15日のようです。もちろん実際には、事業所や企業ごとに異なります。

なんでこんなクイズをしたかというと、多くの人がお金を手にして、投資運用をするタイミングが、給料日に関係あるからです。

賃金の支払いについては、日本の法律により「労働基準法」で、「賃金は、毎月一回以上、一定の期日を定めて支払わなければならない。」と定められていますが、支給日（給料日）については定めがないので、各企業が決めています。

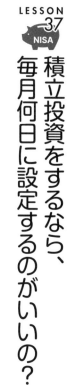

給与支払いのタイミングについては、ちょっと歴史があります。まだ、パソコンが普及する前は、手作業で処理されていたので、経理作業のピークである月末から月初めを過ぎ、給与計算に取り掛かれるのが毎月10日過ぎだったそうです。それで毎月25日に支払うのが慣例となった企業が多かったといわれています。

ちなみに、信販系のクレジットカードの引き落とし日は毎月27日のカード会社が多いようです。これは、給与が振り込まれた直後に引き落とし日が設定されていれば、滞納が少ないだろうという視点といえます。

つまり、月末は手もとに資金があり、積立などの投資の設定もしやすいということが予想できます。

株価や投資信託などの価格は、「買いたい（欲しい！）」という需要と、「売る」という供給のバランスによって決まるので、「買いたい」人が多くなれば、価格も高くなっていきます。

毎月25日頃から「買いたい」人が多くなれば、月末から月初めにかけて価格が上がっていくことが予想できます。投資金額が小さい場合は、それほど大きな違いは感じないかもしれませんが、この「少しの価格の差」も、チリツモとなって、のちのち軍資金に影響を与えてきます。

このことから、積立の設定日は6日以降14日あたりまでがひとつの候補になるでしょう。自由に積立日を選べるのなら、キリの良い日は外して、9日とか11日、13日などと半端な日にするのもアリです。設定日を決めるときの参考にしてくださいね。

株価や投資信託などの需要と供給のバランス

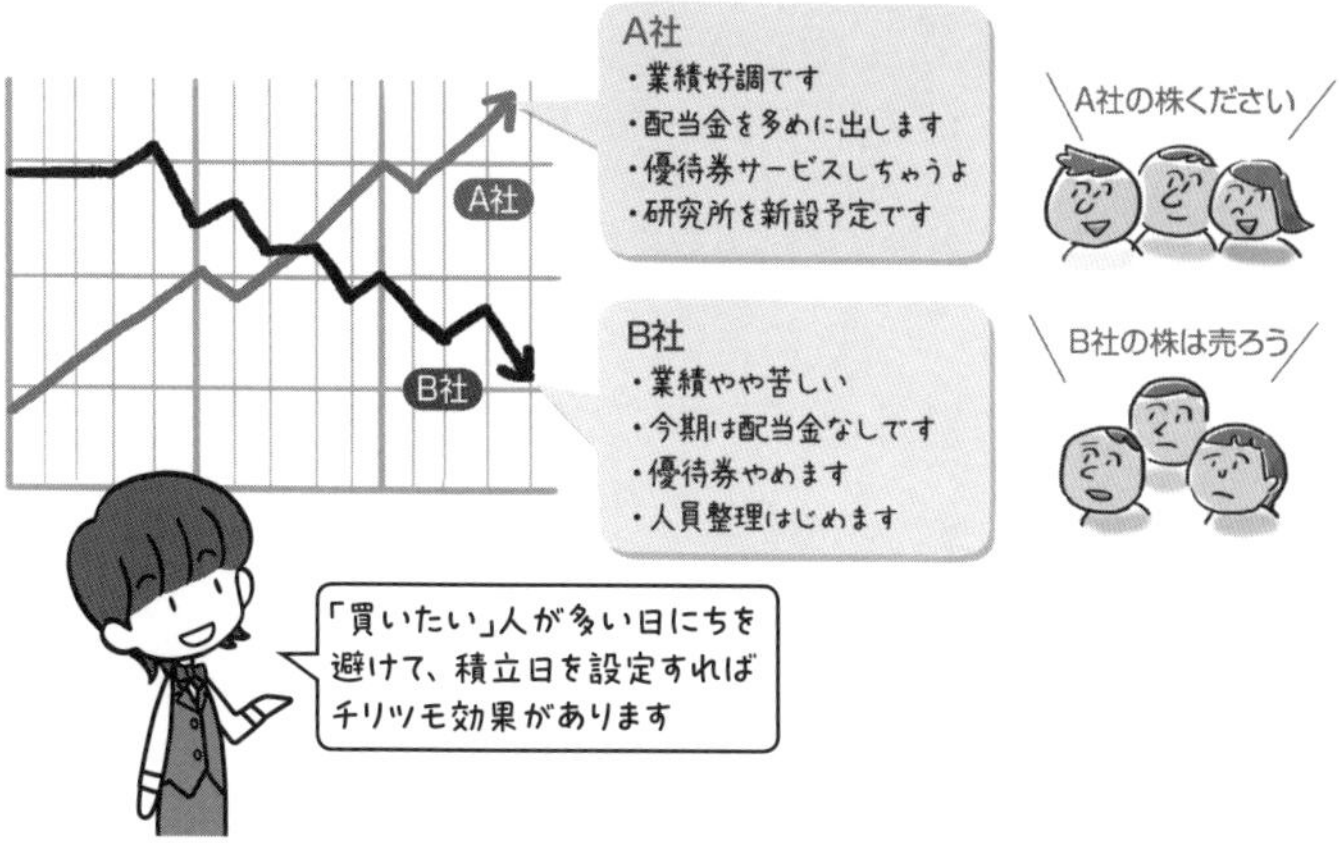
A社
・業績好調です
・配当金を多めに出します
・優待券サービスしちゃうよ
・研究所を新設予定です
A社の株ください
A社
B社
B社
・業績やや苦しい
・今期は配当金なしです
・優待券やめます
・人員整理はじめます
B社の株は売ろう
「買いたい」人が多い日にちを避けて、積立日を設定すればチリツモ効果があります

LESSON 38

NISA

「つみたて投資枠」の非課税枠の上限とは？

「つみたて投資枠」では、年間１２０万円までの非課税枠があります。毎月定期的に「つみたて投資枠」を使って、積立をする際に、この非課税の上限が気になる人もいるでしょう。単純に「毎年、この上限を使い切ろう」などと思うと、毎月10万円ずつの積立を計画していくことになりますが、実は上限の範囲内なら、いくらでも自由に設定できます。

「つみたて投資枠」では、毎月積立だけでなく、ボーナスなど臨時収入が入る時期に多めに設定することも可能です。次のページの表では、毎月同額積立から、ボーナス併用など全部で８つのプランをご紹介しています。ただし、プラン❶や❸、プラン❺や❼のように毎月積立をベースにしたほうが、前に紹介した「ドルコスト平均法」を活用して平均購入単価を抑えるという効果が活かせることは忘れないでくださいね。臨時にあまり極端に増やすのはおすすめしませんが、積立の設定は、結構、臨機応変にできます。もう１つ、年の途中から積立を開始して、目いっぱい非課税枠を活用した場合の注意点があります。それは、NISAの非課税枠が、1月から12月までで締めて年間120万円の枠を計算するので、プラン❸や❹、❼や❽のように、年の途中から非課税の上限に迫るペースで積立をした場合、翌年からは、その積立額を見直す必要があることです。1年目の途中からハイペースで設定したままだと、年間の非課税枠をオーバーしてしまいますので、年初からは毎月積立額を平均的に慣らすなど、積立額の再設定をするようにしましょう。若いうちは、無理に非課税投資枠を埋めようと、がんばりすぎないほうが、続けやすいでしょう。

つみたて投資枠のプラン例

◆「つみたて投資枠」120万円を最大限いかすプラン

（単位：万円）

プラン	1月	2月	3月	4月	5月	6月	7月	8月	9月	10月	11月	12月	合計
❶毎月同額積立	10	10	10	10	10	10	10	10	10	10	10	10	120
❷毎月積立＋ボーナス併用	5	5	5	5	5	5	35	5	5	5	5	35	120
❸途中から毎月積立			12	12	12	12	12	12	12	12	12	12	120
❹途中から毎月積立＋ボーナス併用			8	8	8	28	8	8	8	8	8	28	120

◆上限枠をすべて使わなくてもOKのプラン

（単位：万円）

プラン	1月	2月	3月	4月	5月	6月	7月	8月	9月	10月	11月	12月	合計
❺毎月同額積立	2	2	2	2	2	2	2	2	2	2	2	2	24
❻毎月積立＋ボーナス併用	1	1	1	1	1	1	16	1	1	1	1	16	42
❼途中から毎月積立			3	3	3	3	3	3	3	3	3	3	30
❽途中から毎月積立＋ボーナス併用			2	2	2	22	2	2	2	2	2	22	60

LESSON 39
NISA

もう少し幅広く投資をしたくなったら「成長投資枠」

このように、NISAの「つみたて投資枠」は、毎月コツコツと積立をして運用していくのにちょうどいい制度です。しかも、投資できる内容は、金融庁の基準を満たした「長期・分散・積立」にふさわしい投資信託に限定されているので、初心者に向いているといわれます。

コツコツと積立を続けて、基本的には放ったらかしでOKですが、慣れてきたら、物足りなさを感じてくるかもしれません。もう少しいろいろな運用をやってみたくなったり、今までとは異なる商品で運用したくなったりする気持ちが出てくるかもしれません。その際は、次のステップとして、「成長投資枠」も検討してみてはいかがでしょうか？

「成長投資枠」は、次の図のように、投資対象について、「つみたて投資枠」で投資できる投資信託以外の投資信託の他、上場株式と上場投資信託を投資対象へ広げることができます。つまり、「成長投資枠」では、幅広い種類から投資信託を選んで積立をしていくこともできますし、まとまったお金でタイミングをみて売買することも可能です。さらに、個別銘柄の株式を売買することもでき、幅広い投資を網羅できるというわけです。

また、金額面でも、「成長投資枠」は、「つみたて投資枠」の年間１２０万円とは別に、年間２４０万円の投資枠があり、両方併用することができます。

ただし、いきなり取り組むには注意が必要です。というのも、上場株式は、投資信託と比べると価格の値動きが大きくなるからです。いつ売買すればいいのか、購入のタイミングを見極めるのも難しく、株式投資講座などで、さまざまな勉強をしていくことも重要になってくるでしょう。

成長投資枠

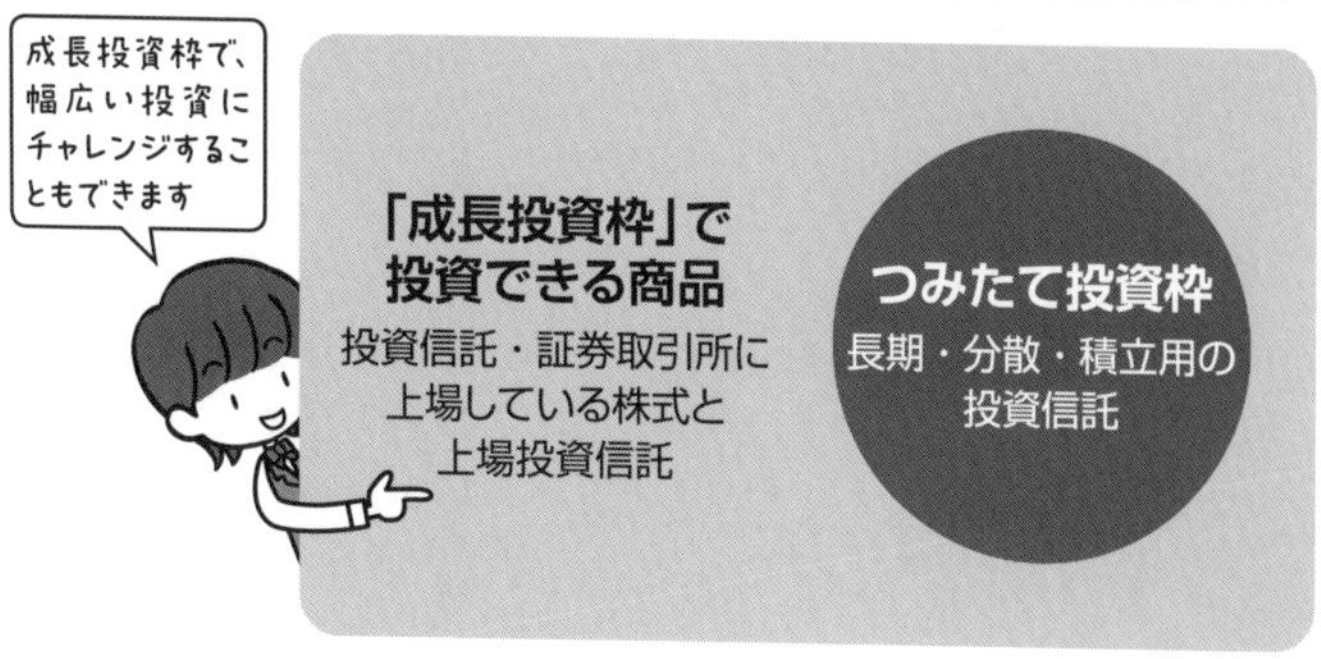
成長投資枠で、幅広い投資にチャレンジすることもできます
「成長投資枠」で投資できる商品
投資信託・証券取引所に上場している株式と上場投資信託
つみたて投資枠
長期・分散・積立用の投資信託

参考：金融庁「つみたて投資枠対象商品」
https://www.fsa.go.jp/policy/nisa2/products/

「成長投資枠」を利用する際は、値動きがあっても、気にならない程度の予算でやることが大切です。無理のない予算を知るために、まずは、次の点を決めましょう。

❶毎月の生活にいくら確保しておきたいか？　最低でも半年分の生活費分をキープする場合いくらか？

❷今後3年程度のうちに、まとまったお金が必要になることがあるか？　その場合、いくらか？

この❶と❷を整理して、そこには影響のないように、投資に充てられる予算を決めましょう。たとえば、「1つの銘柄の予算は5万円以内」と決めて、銘柄選びをしていくのも宝探しのように楽しく感じるかもしれません。銘柄の選び方としては、普段の生活の中でよく使う、馴染みのある商品の企業や、株式を保有している株主に対する優待がある企業などから調べてみるのもよいでしょう。

第6章

長続きする投資のマイルールを作ろう!

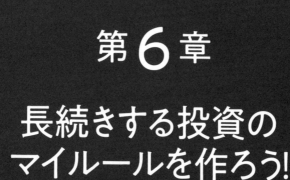

LESSON 40 NISA

毎月積立られる額は収入の25％以内を目安に

ところで、あなたは毎日、鏡を見ますよね？　鏡をみて、ヘアスタイルなどを整えますよね？　それは、あなたの現状を確認するとても大切なルーチンですよね。投資についても同様です。投資をしよう、毎月いくらかずつでも積立投資をしようと思ったときに、自分のお金の現状がわかっていなかったら、何も決められないですよね？

現状がわかって、そこから納得の金額ではじめられたら、投資は自然と長続きします。では、あなたのお金の現状を見てみましょう。

今、普段の生活で、あなたは1カ月あたり、いくら使って、どのくらい自分の未来のために充てていますか？　毎日のお買い物や自動引き落としなどの積み重ねで、毎月の合計支出額が出てきますが、実際に計算したことはありますか？　最近は、アプリに入力したり、レシートを読み込んだりして、簡単に集計してくれる家計管理ソフトがあります。家計簿アプリは、海外ではあまりないそうで、外国人が日本のアプリを使いやすいと使うことも多いそうです。まずは、現状を確認するためにも、毎月

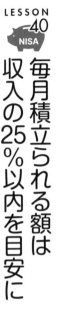

の支出額を1カ月分は集計してみて、肌感覚としておかしくないか、自分のイメージと合っているかをチェックしてみることはとても大切なステップです。

なお、厚生労働省が公表している「令和4年賃金構造基本統計調査」によると、高校卒で19歳までの平均賃金は、月額18・46万円。ここから社会保険料や所得税等が差し引かれ、手取り額はおよそ15万円くらいになります。生活費は人によってさまざまですが、自宅から通っているAさんの例を見てみましょう。

Aさん(高校卒)の例

◆収入(手取り:税社会保険料差引後)

(単位:万円)

Aさんの例	収入(手取り)	月額	賞与2回計	年間合計	割合
	本人分	15.0	40.0	220.0	100%
収入合計		15.0	40.0	220.0	100%

◆支出・貯蓄・投資割合

(単位:万円)

	支出内訳	月額	賞与から	年間合計	割合
基本生活費(Needs)	住居・光熱費	2.0		110.0	50%
	通信・交通費	2.0			
	食費	3.0			
	被服費	2.0	2.0		
	その他				
趣味娯楽(Wants)	趣味	1.5	9.0	55.0	25%
	旅行・交流	1.5	10.0		
	その他				
積立(Save・Invest)	将来への積立	1.0	9.0	55.0	25%
	NISA	2.0	10.0		
支出合計		15.0	40.0	220.0	100.0%

出典:厚生労働省 「令和4年賃金構造基本統計調査」 学歴別にみた賃金より
https://www.mhlw.go.jp/toukei/itiran/roudou/chingin/kouzou/z2022/dl/03.pdf

前ページの表のような毎月の支出で、ボーナスなど臨時収入が入ると、主に趣味や積立に分けているそうです。

また、同じく厚生労働省の調査によると、大学卒で24歳までの平均賃金は月額23・36万円とのことです。同様に社会保険料や所得税等を差し引くと手取り額は約19万円になります。ちょうど月収がそのくらいのBさんの例をみると、以下の表のようになります。ここで、家計の支出全体を分類すると、大きく3つのグループに分けることがで

Bさん(大学卒)の例

◆収入(手取り:税社会保険料差引後)

(単位:万円)

Bさんの例	収入(手取り)	月額	賞与2回計	年間合計	割合
	本人分	19.0	58.0	286.0	100%
収入合計		19.0	58.0	286.0	100%

◆支出・貯蓄・投資割合

(単位:万円)

	支出内訳	月額	賞与から	年間合計	割合
基本生活費(Needs)	住居・光熱費	2.5		143.0	50%
	通信・交通費	3.0			
	食費	3.0	2.0		
	被服費	3.0	3.0		
	その他				
趣味娯楽(Wants)	趣味	2.0	14.0	71.0	25%
	旅行・交流	1.5	15.0		
	その他				
積立(Save・Invest)	将来への積立	2.0	11.0	72.0	25%
	NISA	2.0	13.0		
支出合計		19.0	58.0	286.0	100.0%

出典:厚生労働省 「令和4年賃金構造基本統計調査」 学歴別にみた賃金より
https://www.mhlw.go.jp/toukei/itiran/roudou/chingin/kouzou/z2022/dl/03.pdf

きます。

❶(Needs)生活に必要な基本生活費(衣食住や通信費など)

❷(Wants)趣味や娯楽系のお金

❸(Save・Invest)将来への準備資金としての積立や投資

まず、自宅通いをしている若い人たち全体の傾向をみると、ざっくりと、❶対❷対❸が、50％対25％対25％の割合が理想的のようです。住居費が入ると変わってきますが、親と同居している状態なら、自分の好きなことにある程度使う満足度もあり、積立や投資も並行していくイメージがわくのではないでしょうか?

収入に対する支出・積立割合(目安)

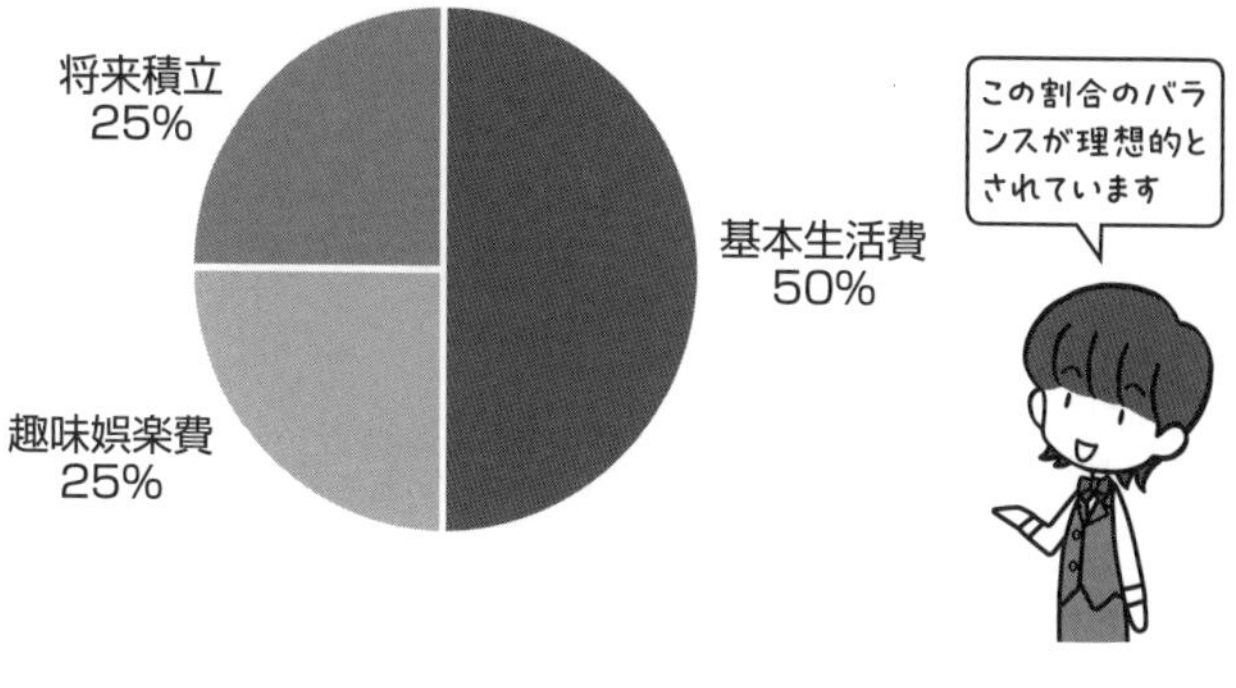

日本で、最初は貧しくても巨万の富を築いた伝説の人物、本多静六さんというお名前は聞いたことがありますでしょうか？　日本初の林学博士として東大で指導し、お金についてもきっちりとルールを守って貯蓄や投資をし続け、『私の財産告白』（実業之日本社）などの著書も多い方です。その本多先生も、著書の中で、「四分の一天引き貯金」を推奨されています。なので、手取り収入の4分の1、つまり25％を積立に充てようというのは、とてもわかりやすく、堅実なプランだと思います。

なお、18歳でまだ学生という人もいらっしゃるでしょう。たとえば、1カ月のアルバイト代が5万円だった場合、5万円のうち、25％の1・25万円を貯蓄や投資の上限額と考え、投資には、7000円～8000円程度と無理のない金額からスタートをするものよいでしょう。

まずは、自分の生活スタイルに合わせて、「無理なく継続ができる金額でスタートさせる」ことがポイントです。

LESSON 41
NISA

投資に回さないお金を決めておこう

これまでのページでは、前向きに投資をする準備として考えてきましたが、一方で、投資に回さないお金、着実に確保するお金を押さえておくと、安心できるかと思います。

人生まだまだこれからですので、途中、何が起こるかわからないですよね。たとえば、突然、地震などの自然災害に見舞われたり、収入が急減したり、病気などが原因で働けなくなったり、休職をすることになったりなど、あまり起こってほしくないこともあるかもしれません。

そんなときに困らないように、まずは、生活費の6カ月分は、「緊急予備資金」として蓄えておきたいものです。先ほどの支出分類でいうと、❶(Needs)生活に必要な「基本生活費」の最低6カ月分は現金や預貯金で確保しておくようにしましょう。

というのも、投資信託や株式などの投資は、随時、価格が変わるので、当初に投資した額より下回って、いわゆる「元本割れ」になっている場合もあるからです。急きょ、投資していたお金を解約して換金したい、引き出したいというときに、換金できる額が下がっていたり、ちょっとの時間差で値動きがある状態だったりすると、いい気持ちはしませんよね。また、株式や投資信託は現金化するまでに何日か必要な場合もあります。そのため、「緊急予備資金」は、残高が明確で、引き出しのしやすい預貯金で用意しておくのがセオリーです。

投資に回さない現預金で準備しておきたい2つの項目

①「緊急予備資金」は着実な現預金で

基本生活費 × 最低6カ月分

※自営業者などは、最低1年分用意しておいた方が安心という人も

②「3年以内に使うお金」も安全性&換金しやすい預貯金で

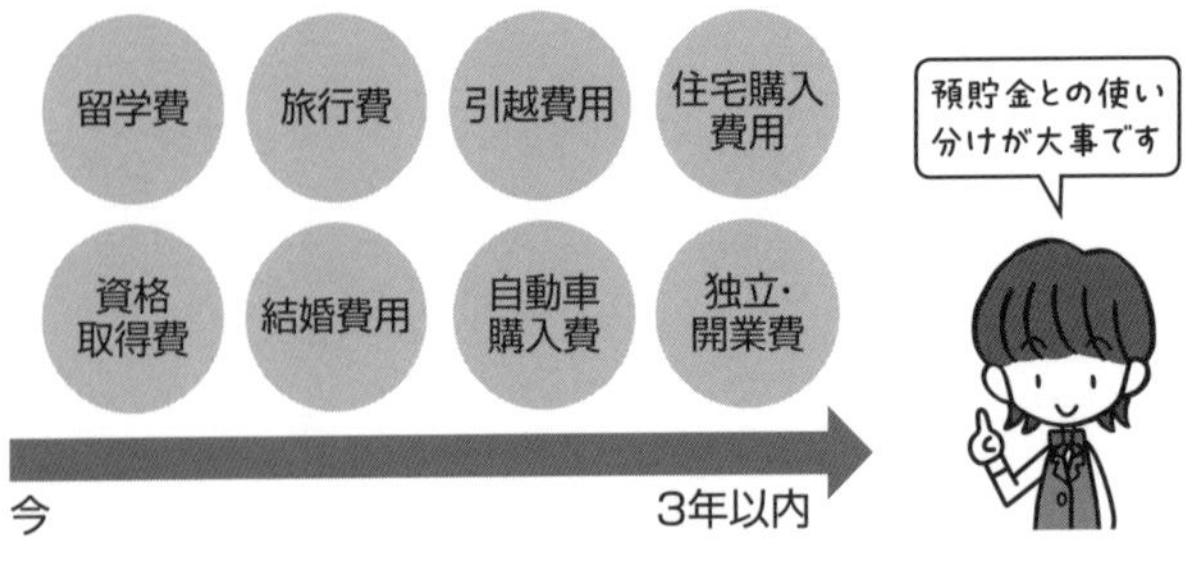

この緊急予備資金は、前述のAさんやBさんの例でいうと60万円~100万円弱くらいになるでしょうか。なお、会社にお勤めの人より、自営業者のほうが、万一、働けなくなった際などの社会保障などが手薄になるので、自分で準備する予備資金は多めにして、基本生活費の1年分を考えたほうが安心という声もよく聞かれます。

また、もう1つ投資に回してはいけない要素として、今後3年以内に使い道が決まっているお金があげられます。今後、お金を使う可能性があることとして、たとえば、資格取得、留学、旅行、結婚、引越し、独立開業などなど、いろいろあげられるのではないでしょうか?

投資は、少なくとも3年以上、できるだけ5年以上は引き出さないお金でやることがリスクを避けるためにも大事です。必要なときに安心してお金を引き出して使えるように、3年以内に引き出すことがわかっているものは、値動きがある投資商品ではなく、元本保証のある預貯金で持っておくほうが、安心ですね。

LESSON 42

NISA

基本はこれだけ「分散投資」

投資の世界では、「卵を1つのカゴに盛るな」という格言がよく知られています。すべての卵（資産）を1つのカゴ（投資先）に入れておくと、何かの衝撃でそのカゴの中の卵がすべての割れてしまうかもしれません。そこで、複数のカゴに分散して管理（投資）し、他のカゴに入っている卵は守られて全滅になることを防ぐという考え方が、投資の世界で大切なルールとして浸透しています。安心して投資を続けるための原則として、「分散投資」という言葉は、本

分散投資の効果

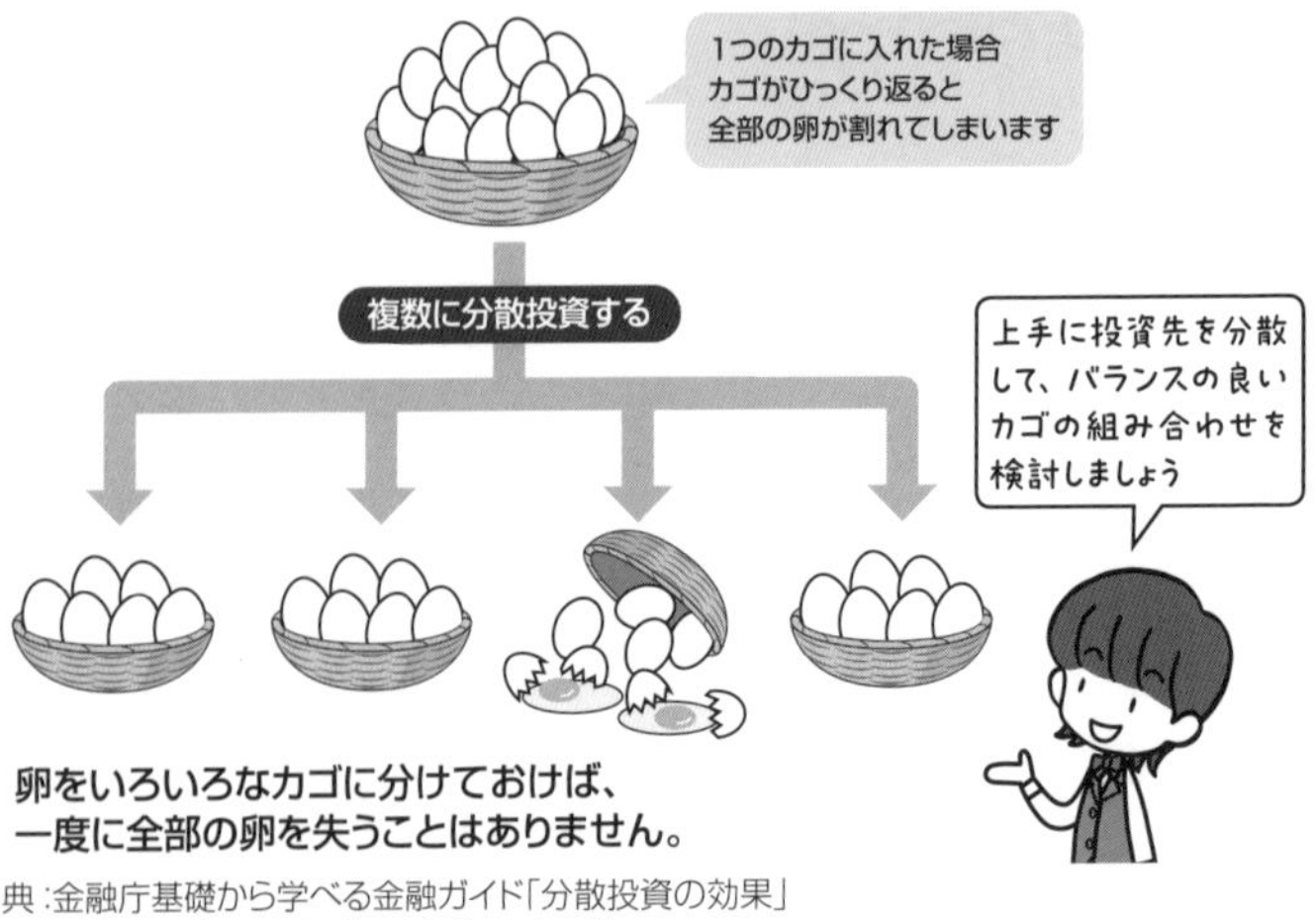
1つのカゴに入れた場合
カゴがひっくり返ると
全部の卵が割れてしまいます
複数に分散投資する
上手に投資先を分散して、バランスの良いカゴの組み合わせを検討しましょう
卵をいろいろなカゴに分けておけば、
一度に全部の卵を失うことはありません。

出典：金融庁基礎から学べる金融ガイド「分散投資の効果」
https://www.fsa.go.jp/teach/kou4.pdf

当によくいわれます。
ここでは、「分散」の意味として、大きく3つを覚えておきましょう。

①資産・銘柄の分散

「預貯金のみ」「投資信託のみ」と資金を1つの投資先に限定しないで、異なる値動きをするものを組み合わせて、複数の投資先にわけることでリスクを分散します。国内外の株式や債券等に幅広く投資をするバランス型の投資信託を利用することでも分散投資になります。

②地域・通貨の分散

異なる国や地域に分散する方法です。投資先が、単一の地域のみで保有をしていると、その国の政治や経済、災害等の影響で相場が下落した場合に、多大な影響を受けます。また異なる通貨の交換レートが変わることによる価値の変動も出てきます。

そこで、複数の国や地域、通貨を分けて投資をすることでリスクを分散できます。

③時間の分散

投資するタイミング（時間）や売却・換金するタイミングを分散する方法です。投資信託や株式など、価格は常に変動しています。安いときに買って、高いときに売れれば理想ですが、日々の生活があるなかで、常に価格とにらめっこしているわけにはいきませんよね。そこで、一度に購入するのではなく、少しずつ複数回にわけて投資することでリスクを分散します。

分散は、単純に投資先を複数にすればよいというわけではありません。複数に分けても、同じような値動きをするようなものばかりでは意味がありません。偏らないように、異なる動きをするものを組み合わせて、時間も分散させていくのが大事なポイントです。

LESSON 43 NISA

個別の銘柄よりポートフォリオが大事

前ページで、「分散」が大事で、異なる動きをするものを組み合わせることについて触れました。私たちは、投資をする際に、とかく、何に投資するかが気になってしまいがちですが、実は、個別に何に投資するかよりも、大きな種類で捉えて投資対象が偏らないことがとても大事です。

個別銘柄はその国の動向や株式市場全体の動きの範囲内にあるので、「木を見て森を見ず」にならないように、まず、国内や海外の株式や債券などの配分からバランスをみていくようにしましょう。そのほうが最終的に安定した運用成果につながるとよくいわれます。

その資産配分、組み合わせのことを「ポートフォリオ」といいます。「ポートフォリオ」とは、もともとは「書類入れ」という意味を持つ言葉です。つまり個々の書類をまとめて入れるケースのことですが、そこから転じて、資産運用の世界で、個々の金融商品の組み合わせのことを指すようになったのです。

投資は、目的や運用できる期間、どのくらいリスクをとれるかという視点から、ポートフォリオを考えるのが王道で、人によって詳細は変わってきます。しかし、大きな傾向でいうと、❶20代～30代くらいまでの若い世代、❷40代～50代そして、❸60代以降という年代によって、次のようなポートフォリオの組み方が考えられます。

❶18歳以降30代くらいまでは、運用を継続できる年数がありますので、成長性を重視したポートフォリオを組むことができます。

❷40代～50代は、セカンドライフに向けて準備するイメージで、各自のリスクに応じて安定的な要素を高めていきます。

❸60代以降は、引退後、運用しながらも、年金で足りないお金を取り崩していくイメージなので、より安定性重視にシフトしていきます。

❶成長性を重視したポートフォリオ

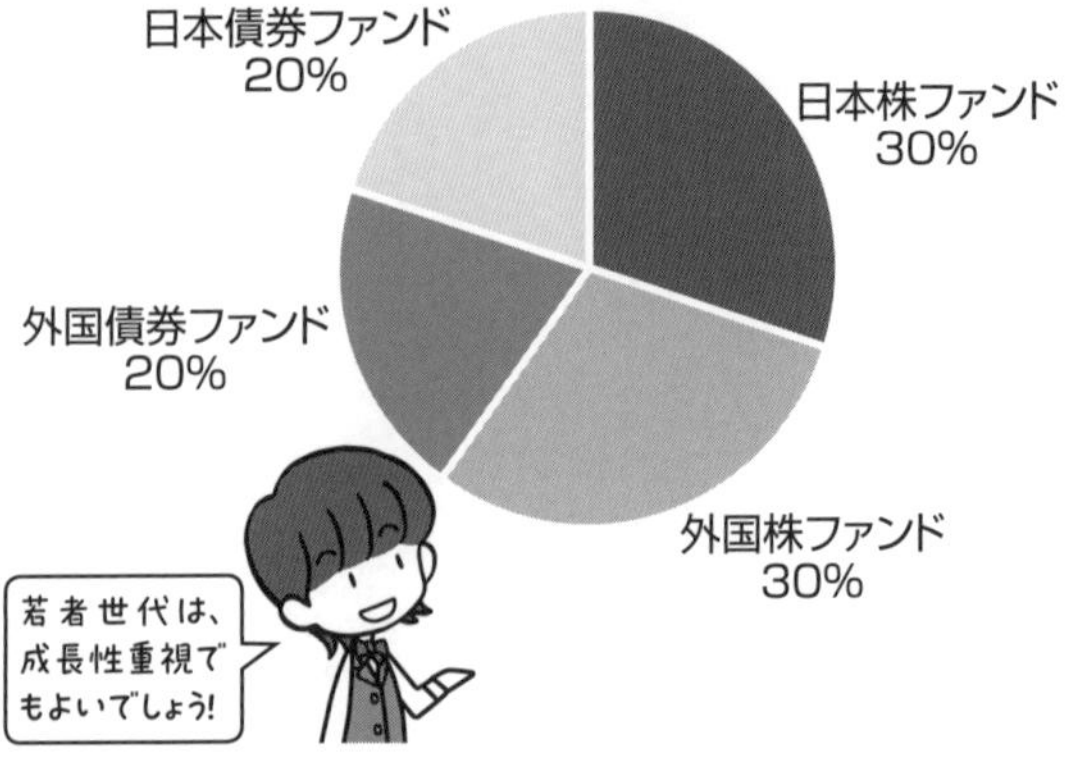

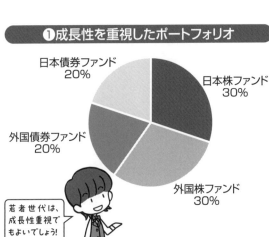

❷より中立的に安定性を高めていくポートフォリオ

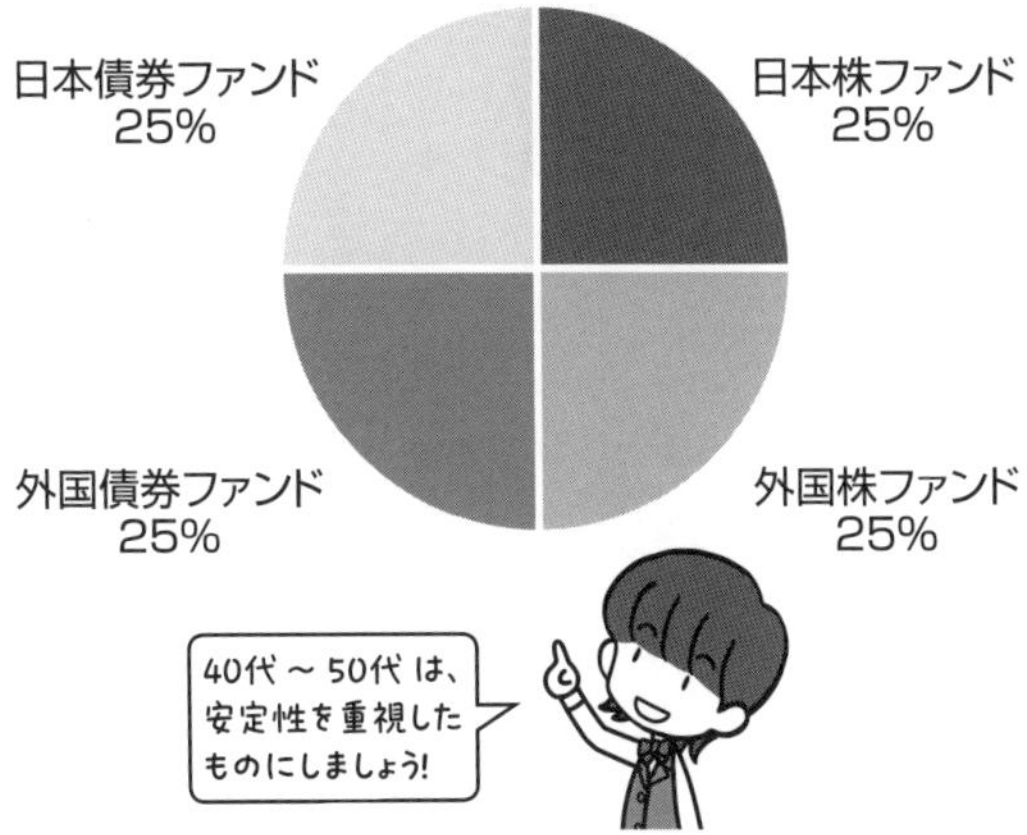

❸引退後に安定性重視にシフトしていくポートフォリオ

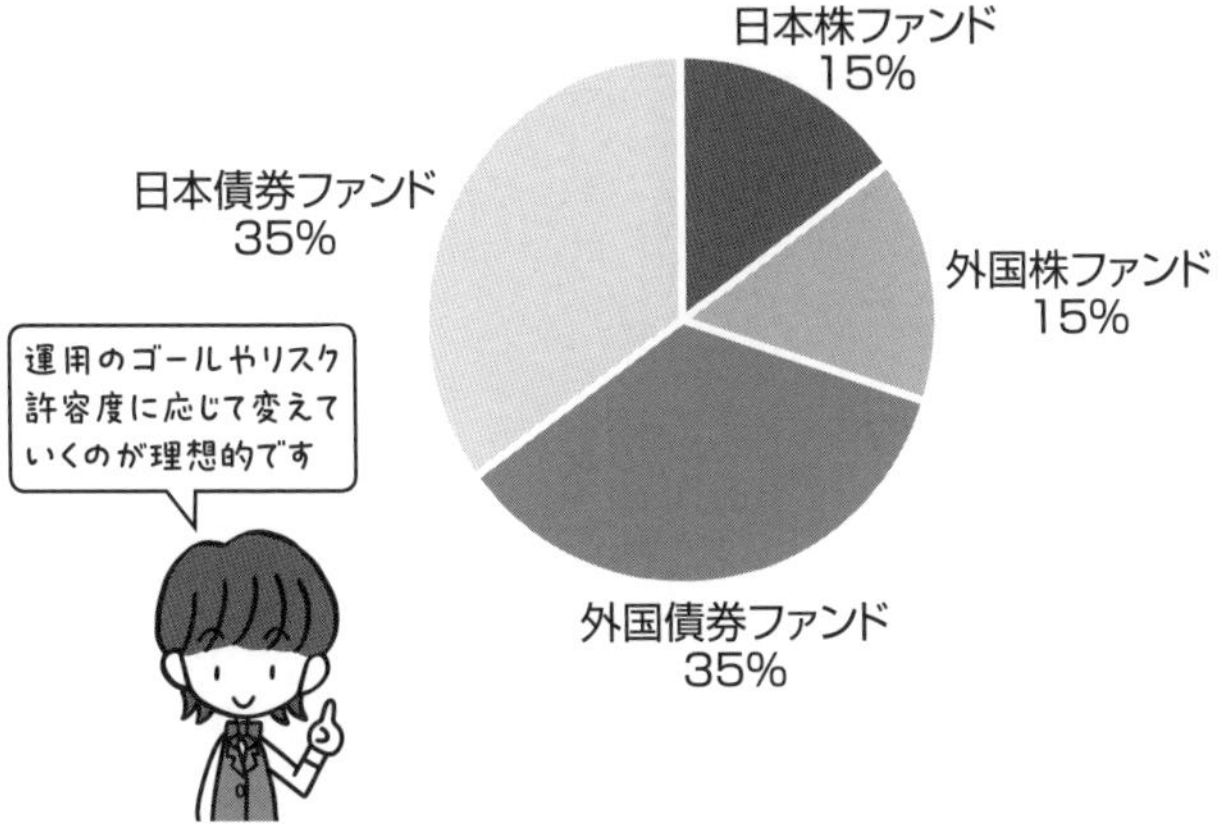

※投資信託をファンドとして表記。

このように、ポートフォリオの組み合わせは、❶若いころ、❷成熟期、そして、❸セカンドライフや引退後へと移行するにつれて、成長性重視から、徐々に安定性を高め、人生の後半ではより安定的な内容へとシフトしていくのが一般的な傾向といえます。

なお、投資対象の違う投資信託を自分で4本程度組み合わせることができて、だんだん慣れて、途中で見直していくことができれば理想ですが、そこまでは大変！と思った人は、1本の投資信託でさまざまな資産種類を組み合わせているバランスファンドを選ぶのも1つの方法です。バランスファンドによっては、何十年か後の運用のゴール（換金タイミング）に合わせて、中身の配分を専門家が変化させてくれるというものもあります。

LESSON 44 NISA

非課税枠を再利用し、気兼ねなく売買する

新NISAでは、大きな特徴として一生続けられることだけでなく、非課税枠を何回でも繰り返し使えることも注目されています。

2023年12月までの旧制度のNISAでは、一度使用した非課税額の枠は、売買をして残高が減っても、二度とその枠を繰り返し再利用することができなかったのです。ですから、売却をするのも、もったいないと思って、いいタイミングでポートフォリオの組み換えをすることもやりづらかったといえます。

しかし、2024年1月からはじまった新NISAでは、大きく改良され、「非課税保有期間の無期限化」とともに、非課税で保有できる上限枠を再利用できるようになりました。これは投資を続けていく人にとって、売りたいタイミングで自由に売ることができて、とても付き合やすくなっていると思います。

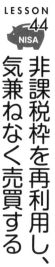

たとえば、「つみたて投資枠」と「成長投資枠」で毎年の非課税上限枠を最大限活用していったとすると、図のように、実は5年後には、非課税枠の上限に届いてしまいます。

上限枠を超えると、超えた分は非課税で運用ができなくなってしまいますよね。仮に、保有している資産の中で、売却して利益を確定したいと思って売却したとします。すると、その売却した資産を当初買い付けたと

非課税枠の再利用ができる

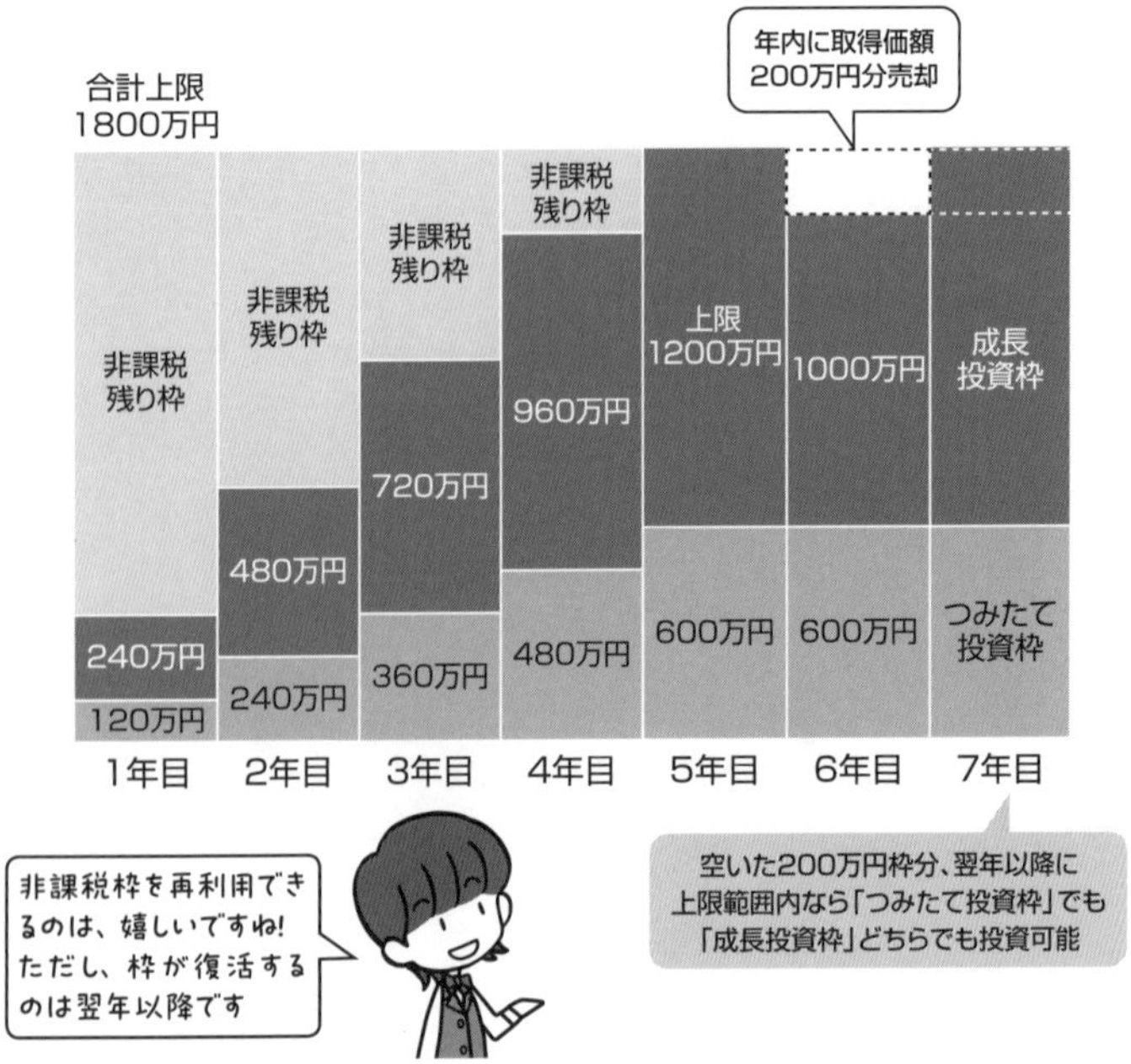

きの価格(図では200万円)分だけ枠が空くことになるので、その空いた枠を再度次の投資時に非課税で使えるようになります。

このように、非課税枠の範囲内なら、何度でも売買して、非課税のチャンスを得られるというのはありがたい制度ですよね。自分で作る投資のマイルールの中にも、非課税枠を何回でも使えるという意識を持てるのはとても安心感が高いと思います。

ただ1点だけ注意点があります。それは、再利用は、売却してすぐに利用できるわけではないことです。税制上の非課税の特典ですから、実は公的に確認する手続きには時間がかかってしまいます。非課税投資枠が再利用できるのは、その年の精算が終わって、翌年以降になることは、頭の隅に置いておきましょう。なお、基本的には短期の売買はしないで、長期投資でいくと思っていれば、そんなに影響はないと思います。

LESSON 45 NISA

自分の投資スタイルを決めてはじめよう！

ここまで投資について、いろいろ学んできました。いよいよ実践に移す時期が近づいてきました。振り返りながら、新NISA制度のメリットを存分に活かせるように、次ページの❶から❻に沿って、自分の投資スタイルを整理してみましょう。

❶投資目的

「何のために投資をするのか？」という目的を忘れないようにしましょう。ただお金を増やすため、儲けるためとしてしまうと、投資対象の値動きに振り回されてしまうからです。次ページのチェック項目で具体的に当てはまるものを複数チェックしてみてください。

❷年間投資予定額

毎月いくらくらい積立ができそうでしょうか？　第6章の最初に紹介したように、手取り収入の25%程度いけそうでしょうか？　1年間に投資できる合計額が見えてくると、NISAの上限枠を気にする時期が近いうちに来るのか、そうでないかなども見えてきますよね。

自分の投資スタイルを決めて準備しよう

❶ 投資目的
（複数チェックあり）

- □ 長期分散投資に慣れる
- □ 非課税のメリットを得る
- □ インフレに耐えられるようにする
- □ その他

❷ 年間投資予定額

毎月積立投資額	(A)　　　　　円
積立日：毎月何日ごろ	日ごろ
臨時収入からの投資	(B)　　　　　円
1年間の積立額合計 (A) × 12 + (B)	(C)　　　　　円

❸ 金融機関選び　　　　年　　月まで

選んだ理由

- □ 最低積立額が100円からある
- □ 積立日の設定が豊富
- □ Webが使いやすい
- □ 投資信託の種類が多い
- □ 特典がある

❹ 手続きスケジュール

NISA口座開設に着手 （本人確認書類など）	年　　月まで
NISA口座の積立開始	年　　月開始

❺ ポートフォリオ

- □ 成長性重視
- □ 成長&安定バランス
- □ 安定性重視

❻ 5年後の姿

投資元本合計額 (C) × 5倍	円 プラス運用成果

あなたならではの投資スタイルを決めて、はじめてみましょう!

また、積立日として設定したい日付も入れてみましょう。この積立日や積立額によって選べる金融機関が絞られてきます。特に毎月積立の設定内容が多様化していて細かく選べるネット系証券会社と、それ以外の金融機関との違いは、第3章をご参照ください。

❸金融機関選び

金融機関を選ぶ視点も、よくあるポイントをチェックできるようにしましたので、自分にとって大事な要素を確認しましょう。

❹手続きスケジュール

金融機関が決まったら、NISA口座の開設に向けて、必要書類を整えていく準備をしましょう。いつまでに口座を開設して、いつから積立をスタートするのか目標時期を決めていくことがポイントです。

❺ポートフォリオ

投資内容としては、ポートフォリオをどのように考えていくかもチェックすることによって、選ぶ投資信託も絞り込みやすくなるでしょう。

❻5年後の姿

最後に、最低5年間は続けるつもりで、5年後の姿も記入してみましょう。投資していくお金の元本合計が、思った以上に大きな数字になっていて、それに運用成果がついてくるのが、とても楽しみに思えるのではないでしょうか?

このように163ページの投資スタイルチェック項目を使って整理すると、❶投資の目的や❷年間投資予定額から、❸あなたに合った金融機関選びができ、❹NISA口座の手続きや積立開始のスケジュールまで見える化できますね。ここまでできると、❺ポートフォリオもブレずに、あなたならではのNISA投資計画を実施できるのではないでしょうか。しっかりとあなたの投資スタイルで進むことができれば、自然と成果がついてきます。自分に自信を持ってくださいね。投資を通じて、社会とのつながりも実感できるでしょうし、5年後10年後がとても楽しみです。

おわりに

若いということは、とても大きな可能性を秘めた財産です。若さという身体の機能だけでなく、これから先の時間を味方にできるということは、本当に素晴らしい価値につながることです。

18歳から100歳、120歳まで、生きている限りずっと使えることが約束されているNISAは、いつからはじめても遅くはない制度だということはもう充分わかっていただけたと思います。気が付くと資産がこんなに広がっていたという実感を早く味わっていただきたいという気持ちでいっぱいです。

また、これからの人生、いろいろなことがあると思いますが、投資は一人ひとりに与えられた選べる権利です。一人でコツコツと進めるだけでも充分効果は出てくるでしょうが、実は、夫婦で共同生活を進めながら、支え合って分散投資をし続けていくだけでも、資産形成力が2倍どころか3倍へと広がる可能性もあるのです。その成果は、世界中の社会経済とつながってお金を回していくからこそ得られる醍醐味でもあります。

そうした可能性を存分に生かしていただけるよう、ＮＩＳＡをきっかけに投資に馴染んでいただけたらと思ってやみません。

今回、この本の制作にあたり、企画や図表の整理など多くの方のご支援をいただきました。証券会社勤務を経て独立しファイナンシャル・プランナー（ＣＦＰ®認定者・１級ファイナンシャル・プランニング技能士）として活躍する名取真由美さん、独身者のお金の実態に詳しい仲人の高須美谷子さん、全国の若者ニーズに詳しい地方共創プロデューサーの中尾裕樹さんの視座やご意見も大変参考にさせていただきました。

この場を借りて、心より御礼申し上げます。

吹田朝子

■著者紹介

吹田《すいた》 朝子《ともこ》　マネー教育・社会活動家。STコンサルティング有限会社　代表取締役。

1級ファイナンシャル・プランニング技能士、宅地建物取引士、プロフェッショナル・キャリアカウンセラー®、健康ファイナンシャルプランナー®。一橋大学商学部卒業後、金融機関で企画・調査、予算管理部門を経て1994年より独立。個人や経営者など3500件以上の生活設計や事業相談を通じて、お金は「三方良しの循環ツール」として上手な付き合い方を伝授。

生活者･経営者に好評な「未来マネー年表」、「健康お金力の高め方」、「愛あるお金さんの循環ゲーム」などコンテンツの企画開発なども多い。著書・TV出演多数。 著書のうち「小学生でもわかるお金にまつわるそもそも事典」（C&R研究所）は、小学5年の国語教科書の推薦図書にもなっており、子ども向けの「そもそもお金塾」も開催。自治体とともに、少子化対策として若者の結婚からライフデザイン教育にも携わる。

◉ZENI　MARKET
https://sukomoney.com/

編集担当：西方洋一 / カバーデザイン：秋田勘助（オフィス・エドモント）

教えて吹田先生！ 18歳からはじめる新NISA

2024年6月24日　　初版発行

著　者　吹田朝子
発行者　池田武人
発行所　株式会社　シーアンドアール研究所
新潟県新潟市北区西名目所4083-6（〒950-3122）
電話　025-259-4293　　FAX　025-258-2801
印刷所　株式会社　ルナテック

ISBN978-4-86354-451-2　C0037